广西中医药大学高层次人才培育创新团队资助项目

广西高校思想政治教育杰出人才计划资助（第二期）资助成果

Research on the History of
Chinese Marxist Philosophy
(1978-2023)

中国马克思主义哲学史研究

（1978—2023）

黎学军　著

人民出版社

责任编辑:洪　琼
封面设计:石笑梦

图书在版编目（CIP）数据

中国马克思主义哲学史研究:1978—2023/黎学军 著. —北京:人民出版社,
　2024.6
ISBN 978－7－01－026330－4

I.①中… Ⅱ.①黎… Ⅲ.①马克思主义哲学-哲学史-研究-中国　Ⅳ.①B27

中国国家版本馆 CIP 数据核字(2024)第 035471 号

中国马克思主义哲学史研究（1978—2023）
ZHONGGUO MAKESI ZHUYI ZHEXUESHI YANJIU（1978—2023）

黎学军　著

人 民 出 版 社　出版发行
(100706　北京市东城区隆福寺街 99 号)

北京汇林印务有限公司印刷　新华书店经销

2024 年 6 月第 1 版　2024 年 6 月北京第 1 次印刷
开本:710 毫米×1000 毫米 1/16　印张:13
字数:210 千字

ISBN 978－7－01－026330－4　定价:69.00 元

邮购地址 100706　北京市东城区隆福寺街 99 号
人民东方图书销售中心　电话 (010)65250042　65289539

前　言

　　本书研究了自改革开放以来我国马克思主义哲学史著述发展及其内在逻辑变化和相关史家治史观点变迁的历程。我国马克思主义哲学史学会成立至今已历 40 余年,新中国第一部正式出版的学术著述《马克思主义哲学史稿》编撰出版迄今也已有 40 余年,将这 40 余年间该种被冠之以"教程"之名肩负传播无产阶级意识形态的特殊史学种类发展历程中的点点滴滴以史学史的体相汇聚成篇,通过明晰我国马克思主义哲学史研究的分期、内生逻辑、表现特征、史籍与史家、新的研究热点、未来展望等几方面内容以达到建构一个脉络清晰的学术史研究模型的目的。在徐徐展开该领域发展画卷的过程中,人们也可以清晰地感受到改革开放精神春风拂面般的舒爽和中国式现代化道路愈走愈宽阔的壮丽景象。

　　开宗明义,贯穿全书的基本观点可简要归纳为如下几个方面:

　　首先,中国马克思主义哲学史承继于苏联哲学界,包括基本观点、写作范式、分期方法等基本的要素均主要借鉴于苏联哲学界。

　　其次,习近平新时代中国特色社会主义思想对马克思主义哲学史研究具有极为重要的指导意义。未来一段时期内,其将是我国马克思主义哲学史界必须认真研究的一个学术热点。

　　再次,马克思主义哲学史著述兼具史籍与思想政治理论教育教材双重色彩,其尤以思想政治理论教育教材色彩最为浓厚。

最后,马克思主义哲学史应吸引更多年轻人阅读,可以调整传统的写作方法,可以紧密依托最新网络和智能手机视听技术来增强该领域读物的可读性。学术大众化是维持马克思主义哲学史得以继续存在的一个极其重要的先决条件之一。

我国马克思主义哲学史直接承继于苏联哲学界,从教师队伍建设到初始教材的编撰都是如此的,该领域开创者也都乐于承认这一点。1956 年曾有苏联马克思主义哲学家沙波尼什科夫在华讲授马克思主义哲学史,内容是马克思、恩格斯创立马克思主义哲学之后到斯大林时期马克思主义哲学的发展历程,他的传授启蒙了我国第一代马克思主义哲学史研学者。在学术研究举步维艰的岁月中,这些接受了苏联关于哲学史基本定义和马克思主义哲学的马克思、恩格斯、列宁阶段基本规定的中国学人们以各自的方式延续着学术建设的希望。虽然 20 世纪 60—70 年代我国马克思主义哲学史研究并没有实质性地展开,但也有一些微弱的学术"血脉"在涌动。比如,黄枬森①在 20 世纪 70年代初指导北京大学的工农兵学员编撰的油印本教材,叶汝贤在复课风潮中讲授唯物史观,等等。至 1979 年,当苏联学者编撰了全世界社会主义国家范围内第一部学术意义上的马克思主义哲学史通史之后,其引起了我国学者的高度重视并立即投入学习和研究当中。在这个意义上可以这样说,是苏联引导中国学人掀开了中国马克思主义哲学史综合创新的历史大幕。

中国马克思主义哲学史兴于 20 世纪 70 年代末的解放思想大讨论,它从"出生"之日起就带着改革开放的"胎记",其以"教程"之名掀开了动态看待马克思主义哲学发展乃至马克思主义经典作家个人思想发展的历史帷幕。马克思主义哲学史与解放思想运动二者内在的气质是契合的,即都不认可存在所谓的理论"顶峰"、都不认为哪一个人的言论可以不讲时间地点的转移都是

① 黄枬森,又名黄楠森。

普遍适用的、都不认为所有历史人物都是不可以评论其功过得失的,等等。在那个特殊时代背景下的中国马克思主义哲学史的建立,既是一种顺势而为的学术产物,同时也是对解放思想运动的一种学术"反哺",二者相得益彰。

伴随着 20 世纪 70 年代末我国思想解放运动的浪潮,在国家教育部所提供的平台之上诞生了我国第一部马克思主义哲学史通史著述《马克思主义哲学史稿》,此后的 40 余年里相关著述(通史、断代史、专题史)已汗牛充栋。对应我国改革开放的每一个小的阶段,马克思主义哲学史著述也呈现出不同的时代色彩,按照学术与实践结合的标准可以具体细分为三个不同的发展阶段:向后看学习苏联[从 1979 年学科第一届年会召开到《马克思主义哲学史》(八卷版)的第六、第七卷(1989 年)发表止]、自我意识渐强[从《马克思主义哲学的理论与历史》(1990 年,余源培)的出版到 1999 年马克思主义哲学界对于"回到马克思"倡议的热烈讨论止]、向前看(新世纪开始至 2023 年学科年会为止)。这样的划分既符合学术发展编年顺序,也符合学术内蕴学理发展的逻辑顺序。

梳理并反思中国马克思主义哲学史研究的历史逻辑,探究其发展的历史行程,无疑会为马克思主义哲学中国化和马克思主义哲学大众化的建构开拓出一个更广阔的空间。追问、回到马克思、马克思主义中国化,此三者就是支撑着中国马克思主义哲学史研究发展至今的主要内在逻辑,它们融入该领域发展并成为支撑力量的时间点各有不同,但都带有自身形成时期的宏大历史背景。追问是一种探寻"物之后"是什么、为什么的精神,对该领域研究者而言它既是一种责任,也是一种幸福,伴随着 20 世纪 70 年代末一股自上而下喷薄而出的解放思想浪潮它被赋予了马克思主义理论界。"回到马克思"颠覆了一种仅仅关注现实理论为最高贵学术品质的集体历史记忆,明白了"我们来自哪里"之后的人们才能更好地体会到为何马克思主义中国化是推动学科发展最现实、最物质的力量。马克思主义哲学史研究也只有及时回应中国式现代化实践过程中出现的诸多挑战,该领域建设才能继续保持旺盛的生命力。

　　建立我国马克思主义哲学史系谱困难重重，不管是对著述还是对研究者，我们很难用某个学术标准对这些学人和著作进行分门别类地归纳，因为他们的观点及其著述的写法都很像，我们极难详细地按照"脸谱"去区分他们相互间的细微差别。虽然我国马克思主义哲学史著述的总体样貌基本相似，但也有自身的一些特点。比如第一部的《马克思主义哲学史稿》开风气之先，给中国马克思主义哲学史学科发展定下了一些基本范式，一些定见在后续著述当中都已不需要再作详细描述；又如黄枬森主编的《马克思主义哲学史》八卷本是迄今为止该领域内我国最大部头的学术专著，全面展现了该领域的总体样貌；再如孙伯鍨及其弟子的《马克思主义哲学史教程》也有自身的一些特色，且由孙伯鍨开创的南京大学这一支学科学脉将马克思主义哲学史理论生态完整地传承了下来；21世纪初期何萍《马克思主义哲学史教程》试图引进一些文化哲学研究的范式给该领域增添色彩，等等。既然是长得很像，我国马克思主义哲学史著述也具有一些共有的史学特征，即是：客观性、经世性、阶级性。这些学科著述都是"史籍"但也非"史籍"，它们都兼具史学著述与思想政治理论教育教材两种身份，由此所呈现出的史学特征肯定就是基本相类似的。

　　我国马克思主义哲学史未来一段时期的研究热点至少应该包括三个方面内容：首先，新体例。我国马克思主义哲学界通常采取串行书写方式（类似史学意义上的编年体裁）描述马克思主义哲学史，史学家们将自马克思最初的中学毕业论文开始至我国马克思主义哲学最新成果这段时间内实存过的马克思主义哲学经典著述逐一抽象并按哲学部类分解成条条块块，然后设定某一（几）部著述作为马克思主义哲学史分期的标志，并在此基础上分析该阶段学科内涵逻辑的发展。这样的写法使得马克思主义哲学发展历程中同一事同一人的描述通常分散在不同时段之中，阅者想了解某事则需要自行从每一个存有该事的时间格中提取出共同要素之后才能形成一个对某事完整的印象。这种书写方式原本是欧洲哲学史长久以来的一般书写方式，被苏联东欧哲学界改造之后就散发着一种意识形态的色彩，它传入我国后迄今也无大的改动。

以多个聚讼纷纭的问题为引领是马克思主义哲学史的另一种书写方式,这种顺应了网络时代阅读习惯的书写方式以每一个学界同侪公认的问题作为一个自成方圆的故事,这样的故事可以更便捷地让读者了解马克思主义哲学发展历程中的著名事件,从而使得该领域著述具有了可读性的特性。其次,新内容。狭义马克思主义世界观研究应该成为研究新热点,实际上建立马克思主义世界观谱系也意味着从另一个侧面观察马克思主义哲学发展历程。世界观研究是哲学领域里永恒主题,即使质疑者也难以否认这一点。现代意义上的世界观概念肇始于康德,其初始意并非我国通用哲学教科书所说的"对世界的总体认识"而是指对单纯现象的感性认识,海德格尔将其理解为"深刻思考呈现于感官的那个世界",随后历经费希特、谢林、黑格尔的诠释,其含义由对宇宙的感性知觉提升为对宇宙的理性知觉。世界观概念激发了德语知识界的想象力,狭义马克思主义世界观即是此路径的"接着讲"。分析其在我国的争论以及它自德国古典哲学之后的发展历程,可以丰富马克思主义哲学史的研究视角。最后,新气象。习近平新时代中国特色社会主义思想既是对马克思主义哲学的新发展,同时也丰富了马克思主义哲学史研究的内容,比如其对新时代中国社会基本矛盾的新判断及其新实践,对它的研究亟待进一步展开。

我国马克思主义哲学史发展近40余年之后,反思过去展望未来是每一个研究者都必须思考的问题。所谓展望未来当然基于反思过去的基础之上的,我们所说的未来的马克思主义哲学史,一定还是首先要坚持其传统价值观,然后逐步完善它的写作范式,最后达到提升它的可读性以实现学术的大众化。具体而言,就是坚持政治性、坚持"双百"方针、以时代精神激活其核心元素并使其具有较强的可读性与阅读方式时代化是基本的三个方面。

目　　录

前　言 ……………………………………………………………… 001

导　论　中国马克思主义哲学史学科源起与一些必要的
　　　　说明 ……………………………………………………… 001

　　第一节　解放思想运动与中国马克思主义哲学史学科 ………… 002

　　第二节　一些必要的说明 ……………………………………… 011

第一章　1978 年以前的马克思主义哲学史研究 ……………… 014

　　第一节　理论上的浪漫主义追逐 ……………………………… 015

　　第二节　极左思想的影响 ……………………………………… 019

　　第三节　写作逻辑的变化及其原因分析 ……………………… 028

第二章　1978 年以来中国马克思主义哲学史研究 ………… 033

　　第一节　分期及其说明 ………………………………………… 034

　　第二节　系　谱 ………………………………………………… 039

　　第三节　当代史的概述 ………………………………………… 040

　　第四节　演进逻辑 ……………………………………………… 072

　　第五节　马克思主义哲学史著述的史学特征及其影响因素 …… 089

第三章　史家与学会 ……………………………………………… 107

　　第一节　史　家 ……………………………………………… 108

　　第二节　中国马克思主义哲学史学会 ……………………… 124

第四章　研究新热点 ……………………………………………… 131

　　第一节　新体例：问题史，另一种书写方式 ……………… 131

　　第二节　新内容：狭义马克思主义世界观的谱写 ………… 143

结　语　不足和展望 ……………………………………………… 184

　　第一节　不足之处 …………………………………………… 184

　　第二节　展望未来 …………………………………………… 186

参考文献 …………………………………………………………… 190

导　论　中国马克思主义哲学史学科源起与一些必要的说明

　　类似于马克思主义世界观成于《关于费尔巴哈的提纲》和《德意志意识形态》,但公开发表于《共产党宣言》的理论历程一样,中国马克思主义哲学史也不是"一下子"就成型的,它也有自身的一个发生发展过程,其学术"血脉"在20世纪50年代从苏联哲学界承继而来,经过了一段学术苦难岁月磨砺之后,才公开登场于20世纪70年代末并盛于新时代中国特色社会主义的时代大潮中。

　　关于实践是检验真理的标准问题的讨论,不仅对端正我们党的思想路线具有重要意义,也为建设马克思主义哲学史科学创造了前提。① 20世纪70年代末伴随着席卷全国的带着一种伴有强烈启蒙色彩的解放思想运动浪潮,中国马克思主义哲学史学科呱呱坠地。在这个时代背景下,马克思主义哲学界的学人们敢想、敢说、敢写了,他们也要在自己的领域去表达一种"去理论顶峰化"的想法。人们惊奇地发现,去除理论"顶峰"之后的马克思主义哲学竟然呈现出一幅动态流动的画卷,人们将这幅川流不息的画卷以文字的形式有逻辑地表述出来就形成了一种特殊的史籍:马克思主义哲学史。

---

　　① 中山大学哲学系:《马克思主义哲学史稿》,人民出版社1981年版,第9页。

无论是史学还是哲学，都是在诸多学术争论中发展至今的，二者的结合体在一些基础概念上学界同侪有不同看法实属正常，马克思主义哲学史就是在学人们的聚讼纷纭中一步一步地走到了今天。其建立至今，取得了很大成就形成了很多定见，但也不能否认一些基本概念仍然处在"未定"的状态，甚至连"马克思主义哲学史的研究对象"都存在些许争议。一些始终充满争议、始终处于"未定"状态的基本概念，本书行文之前还是要对它们进行一些必要的说明，并将简单描述笔者眼中的马克思主义哲学史学史的写法。

第一节　解放思想运动与中国马克思主义哲学史学科

我国马克思主义哲学史与解放思想运动二者内在的气质是契合的，即都不认可存在所谓的理论"顶峰"、都不认为哪一个人的言论可以不讲时间地点的转移都是普遍适用的、都不认为所有历史人物都是不可以评论其功过得失的，等等。正如邓小平所指出的：

> 把毛泽东同志在这个问题上讲的移到另外的问题上，在这个地点讲的移到另外的地点，在这个时间讲的移到另外的时间，在这个条件下讲的移到另外的条件下，这样做，不行嘛！①

在那个特殊时代背景下的中国马克思主义哲学史的建立，既是一种顺势而为的学术产物，同时也是对解放思想运动的一种学术"反哺"，二者相得益彰。

1977 年是新旧时代转换的关键一年，由于当时在思想领域"左"思潮束缚的时间太久了，所以尽管粉碎了"四人帮"的实体，但思想界上空的错误意识形态阴霾仍未散净，具体表现为当时的知识分子们既有理想的飞扬也有某种

① 《邓小平文选》第二卷，人民出版社 1994 年版，第 38 页。

大石于胸的压抑,彼时文学界爆发的"伤痕"文学思潮一方面受到大众欢迎,一方面也受到了自上而下传递的压力就是一个典型的例子。当时的知识分子处境之难就在于他们已经把自己认识世界的权利全部让渡给了别人,他们都毫无例外地遭受了至少两种来自社会生活的压力:第一为知识"专门化"所造成的压力。我们可以把它解释为随着社会分工的日益精细,专门领域内的知识分子们很难超越自身的学术领域进而对全社会范围内的问题发表看法。第二种压力就是来自现实实践的压力。由是,"谋食"不"谋道"是当时中国知识分子主要的选择。

1977 年 2 月,"两报一刊"《人民日报》、《解放军报》、《红旗》杂志联合发表社论《学好文件抓住纲》,该社论继续以某种教条主义的姿态向全社会宣扬"顶峰"理论和极"左"思想,其中核心提法就是后人所简称的"两个凡是",即:

> 让我们高举毛主席的伟大旗帜,更加自觉地贯彻执行毛主席的革命路线。凡是毛主席作出的决策,我们都坚决拥护,凡是毛主席的指示,我们都始终不渝地遵循。①

这是一种坚持从理论到理论解释复杂生活世界的提法,究其实质仍然是一种意识形态迷信,其错误正如徐长福所指出的:

> 对马克思主义的理论智慧的这种信仰实际上就是一种现代迷信,即意识形态迷信。它赋予了马克思主义类似国教的神圣地位,使得中国人在相当长的一段时间中既看不到该理论的局限性,也不愿意学习其他理论,因而无从掌握更加丰富的人类理论智慧的成果,更谈不上将它们转化到实践中去了。对理论的这种实践态度的另一面就是对实践的理论态度,即强迫所有个人的实践和所有类型的实践都接受马克思主义理论的指导,以致每一个个人作

---

① 《学好文件抓住纲》,《人民日报》1977 年 2 月 1 日。

为实践主体的自主权就此遭到剥夺，每一种实践类型之间的差异性也受到忽视。①

随后的全国所有报纸都以通栏大字标题的规格隆重转载。就这样，"两个凡是"的提法不胫而走，立刻就成为彼时中国大陆判断政治是非、行为对错的基始标准。唯物辩证法早已告诉人们，"它指出所有一切事物的暂时性；在它面前，除了生成和灭亡的不断过程、无止境地由低级上升到高级的不断过程，什么都不存在。"②很简单的道理在当时理论界就是行不通，人们噤若寒蝉、再也不敢多说一句。马克思主义哲学界更是如此，在外界看来他们是意识形态机器的重要一环，束缚在他们身上的身份枷锁尤其显得更沉重一些。

在邓小平直接领导下，全国上下恢复马克思主义理论本真精神的工作展开了，首先表态的是党中央内部理论刊物。1977年8月，中央党校内部理论刊物《理论动态》发表《理论工作必须恢复和发扬实事求是的作风》一文，批评了有些人继续闭眼不看世界、继续以纯粹理论套在现实头上的做法。《人民日报》先后发表了《文风和认识路线》(1978年1月)、《标准只有一个》(1978年3月)两篇文章，都已涉及检验真理的标准问题，且都已明确给出了符合马克思主义理论本真精神的答案。《标准只有一个》一文指出：

真理的标准，只有一个，就是社会实践。这个科学的结论，是人类经过几千年的摸索和探讨，才得到的。哲学家们提出过各种真理的标准。笛卡儿说，只有象几何学上的公理那样清楚明白的，才能叫做真理。这种说法，看起来似乎有道理，但是，究竟怎样才是"清楚明白"，连他自己也说不明白。③

刚刚发表之初，这几篇文章没有引起人们太大的关注，但它们切切实实地

① 徐长福：《实践哲学评论》，中山大学出版社2014年版，第12页。
② 《马克思恩格斯选集》第4卷，人民出版社1995年版，第217页。
③ 《标准只有一个》，《人民日报》1978年3月26日。

为我国思想界的大解放奠定了基础,给封闭多年的思想"洞穴"打开了一扇窗。1978 年 5 月 11 日,《实践是检验真理的唯一标准》①在《光明日报》头版全文发表、次日在《人民日报》和《解放军报》全文转载,随后新华社向全国发通稿,新精神自上而下迅速传遍了中国大地。该文旗帜鲜明地指出:

> 实践不仅是检验真理的标准,而且是真理的标准。毛主席说:"真理只有一个,而究竟谁发现了真理,不依靠主观的夸张,而依靠客观的实践。只有千百万人民的革命实践,才是检验真理的尺度。"(《新民主主义论》)"真理的标准只能是社会的实践。"(《实践论》)这里说:"只能"、"才是",就是说,标准只有一个,没有第二个。这是因为,辩证唯物主义所说的真理是客观真理,是人的思想对于客观世界及其规律的正确反映。因此,作为检验真理的标准,就不能到主观领域内去寻找,不能到理论领域内去寻找,思想、理论、自身不能成为检验自身是否符合客观实际的标准,正如在法律上原告是否属实,不能依他自己的起诉为标准一样。作为检验真理的标准,必须具有把人的思想和客观世界联系起来的特性,否则就无法检验。人的社会实践是改造客观世界的活动,是主观见之于客观的东西。实践具有把思想和客观实际联系起来的特性。因此,正是实践,也只有实践,才能够完成检验真理的任务。②

1978 年 9 月 16 日,邓小平在听取吉林省委常委汇报时也指出:

> 大家知道,有一种议论,叫做"两个凡是",不是很出名吗? 凡是毛泽东同志圈阅的文件都不能动,凡是毛泽东同志做过的、说过的都不能动。这是不是叫高举毛泽东思想的旗帜呢? 不是! 这样搞下去,要损害毛泽东思想。毛泽东思想的基本点就是实事求是,就是把马列主义的普遍原理同中国革命的具体实践相结合。毛泽东同志在

---

① 本报特约评论员:《实践是检验真理的唯一标准》,《光明日报》1978 年 5 月 11 日。
② 《实践是检验真理的唯一标准》,《光明日报》1978 年 5 月 11 日。

延安为中央党校题了"实事求是"四个大字,毛泽东思想的精髓就是这四个字。①

令人遗憾的是,这些在马克思主义理论宝库里早就有了的原理,人们长时间地把它们给"忘记"了,只是在彼时的政治博弈中得到了"重生",而且起因只是因为它们契合了时代的需要。一场涤荡全国上下的思想大解放,给彼时中国的社会政治、经济、文化带来全方位的大解放和大发展,正如邓小平所指出的:"只有解放思想,坚持实事求是,一切从实际出发,理论联系实际,我们的社会主义现代化建设才能顺利进行,我们党的马列主义、毛泽东思想的理论也才能顺利发展。"②"发展"这个词恰如其分地表达了邓小平对社会生活、对理论工作的期许。

以现在的学术思维来看,这是一件很可笑的事情:居然连想都不敢了?!但在当时,几乎所有的社会科学(文史哲)学科的建设都是要付出极大的勇气和努力的,类似的情况在其他一些社会科学领域也存在过,比如心理学、社会学,等等。

思想解放之后的人们敢于用动态的眼光看待马克思主义哲学的发展历程、敢于对一些所谓的理论"顶峰"重新进行评论、敢于堂堂正正地按照学术的规律开展马克思主义哲学史学科建设。简言之,人们敢想、敢说、敢写了。思想大解放与真理标准大讨论是马克思主义哲学史学科的"助产婆",正如庄福龄在其回忆文章中所指出的:

> 真理标准的大讨论是马哲史学科发展的动力与基础,不仅对政治上解放思想、拨乱反正、重新高举毛泽东思想旗帜、重新确立科学社会主义观有深远的历史意义,而且对反映时代呼唤和理论要求、把马哲史学科建设迫切提上日程有直接的催生作用。学科建设上的三大举措:一是高校文科教材《马克思主义哲学史稿》迅速面世;二是

---

① 《邓小平文选》第二卷,人民出版社1994年版,第126页。
② 《邓小平文选》第二卷,人民出版社1994年版,第143页。

全国性群众性学术团体"中国马克思主义哲学史学会"在理论工作者的迫切要求下成立;三是列入国家"六五"和"七五"规划的重点项目《马克思主义哲学史》多卷本在重重困难中按计划完成。①中国马克思主义哲学史学科就是在这样希望与困难都存在的环境中诞生的。

一、敢想

所谓"敢想"就是中国马克思主义哲学界学人们敢于用发展的眼光去看待马克思主义哲学历程了,且不再认为这样的想法是不道德的。其中的意味是非常清楚的,动态眼光意味着否认所谓的理论"顶峰"、否认任何个人言论能成为阻碍马克思主义哲学持续发展的障碍。在这个意义上,动态地看待马克思主义哲学发展历程是马克思主义哲学史得以立论最核心的要件之一,如果继续坚持所谓的理论"顶峰"论,人们永远只能看到其中的某一个点,而不会看到马克思主义哲学从马克思到中国所走过的波澜壮阔的流动画卷。

将某个历史阶段的思想视为所谓"顶峰"的做法究其根源,一是由于封建主义糟粕当中某些内在逻辑的影响;二是受到了苏联人的影响;三是这样的做法也契合了中国传统政治生态的流俗。一个众所周知的事实是,近现代哲学批判精神来自于西方,中华文化中一直都欠缺这一环。我们从苏联俄国引进马克思主义的时候,先天性地缺失了与马克思一生相伴的批判精神,实际上苏联自己也缺失了。普列汉诺夫、高尔基在彼时都曾善意地建议布尔什维克党应更重视接受逆耳忠言,但似乎没有任何成效。

苏联哲学家们都喜欢把那个与自己同时代的人的实践和理论说成是马克思主义哲学发展的"顶峰",他们可以把新经济政策说成是"顶峰",1929年又把快速工业化和农庄集体化说成是"顶峰",1960年又把"1980年单独一国实

---

① 庄福龄:《深化马克思主义哲学史学科建设》,《教学与研究》2010年第12期。

现共产主义"说成是"顶峰"，如此类推一直到 1991 年 12 月他们不再需要这样做为止。苏联人的影响加上我们自身政治血液中的类似基因，中国马克思主义哲学界也长时间地做着类似的事情，如中山大学《马克思主义哲学史稿》所说：

> 对马克思主义理论只讲迷信，不讲研究，这种反科学的、有害的态度，极大地限制了马克思主义哲学史科学的建设。在我国，曾经有一个相当长的时期，这种现象甚为突出。……他们把革命领袖宣扬为神，鼓吹马克思主义到达了"顶峰"，只能够迷信、盲从，不需要研究、发展，完全取消了马克思主义作为科学的存在。①

任何对马克思主义哲学寻根问底的研究都被视为不道德的行为，因为当时已有了理论研究和现实生活的"顶峰"，人们只需要知道"当下"即可。再加上人们把阶级理念过度灌注到了西方哲学研究领域，在二者相叠加的学术氛围中，大多数社会学科长时间地陷入停顿的境地，当然也包括了马克思主义哲学自身理论的发展，它旗下的马克思主义哲学史学科更难冒头了。

当批判的勇气自上而下地传递到了马克思主义哲学界之后，敢想的人们也决定在自己擅长的领域给思想解放运动添加自己的"佐料"进去了，这就是建立一门马克思主义哲学史学科。梦想实现的契机和物质条件都是自上而下提供的，借着当时教育部指定两所院校（中山大学、中国人民大学）编撰新中国第一本马克思主义哲学史教程的契机，该学科的框架得以建立起来了。

二、敢说

所谓"敢说"，在马克思主义哲学史学科视野当中学人们可以大胆地评价其中的历史人物了，可以大胆地认为马克思主义哲学发展历程中每一个经典作家都主要只是对与他同时代的社会环境作出了很多正确的判断，这样的判

---

① 中山大学哲学系：《马克思主义哲学史稿》，人民出版社 1981 年版，第 9 页。

断是否可以适用于别的时代、别的国度则是需要仔细甄别的。正如邓小平所指出的：

> 我们可以看到，毛泽东同志在这一个时间，这一个条件，对某一个问题所讲的话是正确的，在另外一个时间，另外一个条件，对同样的问题讲的话也是正确的；但是在不同的时间、条件对同样的问题所讲的话，有时分寸不同，着重点不同，甚至一些提法也不同。所以我们不能够只从个别词句来理解毛泽东思想，而必须从毛泽东思想的整个体系去获得正确的理解。①

我们这里所说的"评价"指的并不是学人可以在自己的著述中说"某人也有不妥的地方"这样的话，我们指的是在坚持马克思主义政治性的前提下开展的学理式的探究，然后才是结合学理能达到的地方有所置评。

给马克思主义哲学史上的经典作家言论进行评论是马克思主义哲学史得以立论的基本条件之一，如果连这一点都做不到，史学描述是没有意义的，学术建设同样也失去了意义。很多年前，人们普遍认为经典作家的每一句话都是万古不变的真理，其思其事都不允许评论，并把这样的学术行为上升到个人道德要求。邓小平严肃地批评了这种想法，他指出：

> 思想不解放，思想僵化，很多怪现象就产生了。思想一僵化，条条、框框就多起来了。……思想一僵化，随风倒的现象就多起来了。……思想一僵化，不从实际出发的本本主义也就严重起来了。书上没有的，文件没有的，领导人没有讲过的，就不敢多说一句话，多做一件事，一切照抄照搬照转。②

将自己的研究体会告诉公众，想"你"所想，说"你"所说，每一位知识分子都必须意识到自己是"站在公众舞台上发表证言"③，只要在公开场合知识分

---

① 《邓小平文选》第二卷，人民出版社 1994 年版，第 42—43 页。
② 《邓小平文选》第二卷，人民出版社 1994 年版，第 142 页。
③ [英]以塞亚·伯林：《俄国思想家》，译林出版社 2001 年版，第 158 页。

子就负有指引与领导人民的完全责任。正如马克思所指出的那样："当你能够想你愿意想的东西，并且能够把你所想的东西说出来的时候，这是非常幸福的时候"。① 1881 年 12 月，马克思为发表《德意志意识形态》曾如是说道："我的德国出版者通知我，要出《资本论》第三版。这个通知来得很不适时。第一，我首先应该恢复自己的健康；第二，我想尽快地完成第二卷（即使是我不得不在国外出版它）"。② 马克思为了出版自己作品，可以委身于其批判对象替代其出版，可以不拿稿酬，可以在国外出版。知识分子有一种向全世界表达自己独特想法的冲动，他们是否敢说事关政权安危。

三、敢写

所谓"敢写"就是学人们把敢想、敢说的成果凝聚于笔端化为文字，结合最新时代精神阐述自己对马克思主义哲学发展历程的理解，让更多的人感受到马克思主义理论强大的逻辑力量。写在公开刊物上，这是比口口相传走得更远的传播途径。当时的媒介力量远不如当下新媒介的传播力度，普罗大众基本上只能依靠几种有限的报刊还有口口相传来了解外界信息，学术界还是主要依靠纸质著述来进行学术交流，所以敢写也成为当时马克思主义哲学史得以建立的必要条件之一。

受传统儒学思想影响，我国学人通常选择的是"静观的人生"，他们更注重自身的反省和修养，较少主动去表达对某人某事的看法，这很大程度上成了阻碍学科发展的绊脚石。邓小平是明确支持学术界实践"行动的人生"的，他指出："独立思考，敢想、敢说、敢做，固然也难免犯错误，但那是错在明处，容易纠正。"③这里有两层意思，一个是希望学人们用自己专业知识支持解放思

---

① 塔西佗《历史》第 1 篇第 1 节，转引自《评普鲁士最近的书报检查令》，《马克思恩格斯全集》第 1 卷，人民出版社 1995 年版，第 135 页。
② 《马克思致尼·弗·丹尼尔逊》，《马克思恩格斯与俄国政治活动家通信集》，人民出版社 1987 年版，第 406 页。
③ 《邓小平文选》第二卷，人民出版社 1994 年版，第 142 页。

想运动,另一个是邓小平看得更长远的一件事,学人们为中华民族之崛起而开展科研工作。

我国马克思主义哲学史与改革开放相伴而生、相伴而行,我们在回首这一段往事的时候,也要弄明白该领域一些基础性概念并以此来作为支撑起回忆的逻辑性元素。

第二节 一些必要的说明

我国马克思主义哲学史发展至今,学人们达成了很多共识,取得了较大成就。但一些基本概念的内涵仍有待探讨。所有的哲学二级学科都有类似情况,这当然也是符合哲学学科气质的事情——学科始终在争议中前行。有鉴于此,笔者为叙述方便,必须在行文之前自行定义一些涉及本书的一些概念。

一、几个概念的界定

1. 关于什么是"马克思主义哲学史"的争议在于用什么视角去看待它更合适,主要有两种不同视角。

首先,"有人"与"无人"的不同视角。这是一个认识论的问题,西方灵魂观总是认为存在一个源于人而又高于人的认识本体。马克思主义认识论则认为"现实的个人"才是认识的本体。无人写,马克思主义哲学史的实际进程一样的实存的;有人写,马克思主义哲学发展历程就表现为史籍,客观上人们也只能通过史籍了解历史的实际进程。此意义上的马克思主义哲学史有三种内涵,一是剧中人实际为马克思主义哲学理论的发展做了什么;二是剧中人对自己工作的自述;三是围观者的描述,人们通常在后两种意义上去理解什么是马克思主义哲学史,即人们可以自然而然地将"马克思主义哲学史"直接等同于"马克思主义哲学史著述的抽象"。这个意义上的马克思主义哲学史源头可以追溯到马克思、恩格斯的自叙里,流经苏联理论界演化成为以时为纲和突出马克思主义经典作家言论的写法，我国马克思主义哲学史家延续了这种写法并根据当下时代精神综合了西方马克思主义的一些思想。本书也是在后二者的意义上展开自身建构的，即全文涉及的"马克思主义哲学史"除非特别说明，否则一律指的是"马克思主义哲学史著述的抽象"。

其次，"时间"与"内在逻辑"的不同描述维度。按照时间维度去理解马克思主义哲学史内涵是最常见的、最不需要特别解释的一种方式，即认为"自马恩列斯……一直到当下，各个经典作家和一些著名马克思主义哲学家对马克思主义哲学的发展式描述，构成了马克思主义哲学史的主体部分"都属于按照时间维度进行定义的例子，时间线索是隐含在人物和著述的自然排列之中的，每一部著述的描述都隐含着对其写作时间的对应。"内在逻辑"维度看马克思主义哲学史也是一种定义的方式，这种观点认为马克思主义哲学史的"内史"有自身的内在发展逻辑，将学理的发展历程描述出来就构成了一部马克思主义哲学史。目前较缺失这一种马克思主义哲学史著述，国内通行的学科著述几乎都是非常直白的编年史。

2. 什么是"中国马克思主义哲学史"。按照字面理解，它可能有两种意思，第一种是"从毛泽东到习近平对马克思主义哲学的理解和发展"，第二种是"马克思主义哲学史在中国的发展阶段"，我们在第二种意义上使用该概念。在此意义上的"中国"是一个具有时间内涵的定语，即"中国"之名仅有时序上的内涵，即表示马克思主义哲学史自 1978 年承继于苏联之后在我国的发展阶段。即"中国马克思主义哲学史"指的是"1978 年以后，马克思主义哲学史在中国的发展阶段"，而不是"社会主义中国对马克思主义哲学的理解和发展"。

3. 马克思主义哲学史学史是一门通过研究马克思主义哲学史著述内蕴的范式义理与原理，并以此观照马克思主义哲学史与社会经济史互动的光晕、明晰马克思主义哲学史家治史观点流变及规律的学问。它并非一个全新的研究领域，当我们"站"在马克思主义哲学史家们身后观察他们时，史学史的历程就已开始了。从一般意义上总结从第一本马克思主义哲学史著述始到当下我国诸多马克思主义哲学史著述的是非得失,兼及马克思主义哲学史学科发展,这不仅具有理论上的意义且能通过反思历史以鉴当代。简言之,就是对马克思主义哲学史研究的研究,这也是本书题目的确切含义。

4.中国马克思主义哲学史的"前史"有两层意思,一是指的是苏联东欧哲学家的马克思主义哲学史著述的集合,二是承认苏联东欧马克思主义哲学史著述影响了中国马克思主义哲学史的成长。

二、马克思主义哲学史学史的写法

史学史的一般写法先是描述史籍发展历程及其内在逻辑,然后重点描述史观和点评经典史籍。学术思想史主要写法是记"言",即对该领域重要人物原著或言论进行抽象并提炼贯穿其中的一些学理规律,马克思主义哲学史研究大致也是如此展开的。马克思主义哲学史的剧中人主要就是人们通常所说的马克思主义经典作家,他们的认定在我国是一个常识性知识,经典作家通过自己不同时期的著述表达了他们对马克思主义哲学的认识和发展,这些著述构成了马克思主义哲学史家研究的主要对象。而我们的马克思主义哲学史研究则是"站在"马克思主义哲学史家之后去看待他们是如何研究马克思主义哲学史的,即使放眼未来,这个规律也是成立的。

本书也按照这种史学史一般写法建构,首先描述苏联东欧哲学家的相关著述,然后进入我国马克思主义哲学史40余年发展历程中并提炼其内在发展逻辑,再次描述几本经典著述和几位知名业内学人并勾勒近期的研究新热点,最后按照史学逻辑展望学科发展的未来。

特别需要说明的是,我国马克思主义哲学史著述与我国马克思主义哲学史学科是紧密结合在一起的,我们描述的时候必须一面讲"学术史"一面讲"学科史",它们是一个问题的两个方面,不可能截然分开的。

第一章 1978 年以前的马克思主义
哲学史研究

所谓中国马克思主义哲学史的"前史"首要的意思指的是改革开放以前的马克思主义哲学史自马克思到苏联东欧的发展成果,具体而言它有两个发展阶段:一是剧中人的自述,即马克思主义哲学史源自马克思对自己哲学体系创建的回忆中;二是旁人的描述,即途经恩格斯的提炼和放大、苏联东欧马克思主义哲学史家再根据不同时代精神进行的不同诠释。在全世界社会主义运动的序列中,我国的马克思主义哲学史研究应该是属于第三阶段,即我们对剧中人、旁人的描述进行描述。在这个理论绽放进程中,剧中人和旁人是接替出现或同时出现的,即剧中人有时又是叙述者,前面的叙述者又是后面叙述者眼里的剧中人。剧中人或旁人按照自己所处时代精神实践并发展着马克思主义哲学理论,后世学者对此的描述又带着描述者所处时代精神痕迹,每一个时代的马克思主义哲学史由此呈现出不同的颜色,这股史学的洪流奔泻流淌至我国后形成了现在我们所看到的多彩马克思主义哲学史。

中国马克思主义哲学史的"前史"不仅主要记录了马克思、恩格斯、列宁、斯大林四位经典作家的言论及其施政过程的点点滴滴,而且还有苏联东欧哲学家对经典作家著述的抽象与凝练。这里有必要提前说明的是:苏联东欧马克思主义哲学史著述未必都是以《马克思主义哲学史》为名,从学术发展的视角来看以《马克思传》或《马克思主义史》等描述了马克思主义发展历程的著述,其中只要涉及到"马克思是谁"、"马克思怎样创立了马克思主义理论"、"恩格斯与马克思的关系"、"恩格斯是怎么解读马克思著述的"等内容,也都可以纳入到该领域研究的范畴。我们认为这样的安排更有利于拓宽理论视野,更有利于人们重新看待和审视这门学科。

第一节　理论上的浪漫主义追逐

马克思主义哲学史的源头可追溯到马克思的自述里,继而是恩格斯的润色和放大,这个阶段属于马克思主义哲学史的萌芽阶段。

首先,晚年马克思的回忆和恩格斯的解读与转述。马克思主义哲学史作为一种史学种类其创建的历史原点可以拆分为两个层次:第一层次是经典作家及其战友们对自己关于马克思主义哲学形成和发展过程所做的理论工作的追溯式描述——只要人们开始回忆往事,史学就已经展开了自身的构建。这并不是说经典作家直接帮助后世学人写了当下那样的马克思主义哲学史,这里仅仅指的是一种经典写作范式的影响,一种迄今为止仍然固化人们史学思维方式的那种影响。

马克思的《政治经济学批判·序言》、《资本论·第一卷第二版·跋》和恩格斯的《费尔巴哈论》、《在马克思墓前的讲话》等著作都包含了马克思和恩格斯关于他们的世界观、历史观形成过程的追溯以及他们的哲学思想同黑格尔、费尔巴哈哲学的联系和区别的自我评论。这也是一种专门的史学部类:马克思自己看自己、恩格斯看马克思,我们都可将这些剧中人对自己哲学体系创立的回忆称为马克思主义哲学史的开端。在《〈政治经济学批判〉序言》里,马克思简略地回忆了自己治学的历程:

> 我学的专业本来是法律,但我只是把它排在哲学和历史之次当作辅助学科来研究。1842—1843 年间,我作为《莱茵报》的编辑,第

一次遇到要对所谓物质利益发表意见的难事。莱茵省议会关于林木盗窃和地产析分的讨论,当时的莱茵省总督冯·沙培尔先生就摩塞尔农民状况同《莱茵报》展开的官方论战,最后,关于自由贸易和保护关税的辩论,是促使我去研究经济问题的最初动因。另一方面,在善良的"前进"愿望大大超过实际知识的当时,在《莱茵报》上可以听到法国社会主义和共产主义的带着微弱哲学色彩的回声。①

马克思在此简要地追忆了创立历史唯物主义和研究政治经济学的过程,其中一些具体词句被后世马克思主义哲学史家反复引用着,比如"第一次遇到要对所谓物质利益发表意见的难事"、"我们就情愿让原稿留给老鼠的牙齿去批判了"②等。马克思对自己治学过程的回忆也成为日后马克思主义哲学史家们构建自身著述的直接依据,这些描述中的第一人称"我"只要转化为第三人称"他"即可立即搭建出一部马克思主义哲学史马克思部分的大致框架。在《在马克思墓前的讲话》中也有类似的著述,只是叙述者换成了恩格斯:

正像达尔文发现有机界的发展规律一样,马克思发现了人类历史的发展规律,即历来为繁芜丛杂的意识形态所掩盖着的一个简单事实:人们首先必须吃、喝、住、穿,然后才能从事政治、科学、艺术、宗教等等;所以,直接的物质的生活资料的生产,从而一个民族或一个时代的一定的经济发展阶段,便构成基础,人们的国家设施、法的观点、艺术以至宗教观念,就是从这个基础上发展起来的,因而,也必须由这个基础来解释,而不是像过去那样做得相反。③

恩格斯在此文中浓缩了马克思一生当中的两个伟大发现,虽然没有简略地追溯马克思学说理路的发展过程,但恩格斯在该文中为马克思的历史地位进行了定性式的描述,即将马克思定义为发现了人类历史演进规律的科学家

① 《马克思恩格斯选集》第2卷,人民出版社1995年版,第31—32页。
② 《马克思恩格斯选集》第2卷,人民出版社1995年版,第31、34页。
③ 《马克思恩格斯选集》第3卷,人民出版社1995年版,第776页。

和革命家,这就为后世的马克思主义哲学史撰写定了主基调。

马克思、恩格斯对马克思主义哲学史的贡献在于"定路"和"定性",他们决定了后世学人按照马克思主义经典作家的著述、言论及其革命实践紧密结合的一种书写方式,即按照青年马克思理论与实践如何、中年马克思理论与实践如何、晚年马克思理论与实践如何、经典作家理论与实践如何等这样的时间顺序写作,迄今的马克思主义哲学史著述大体都是如此编排的。

其次,如果说马克思恩格斯开了一个好头,那么"接着讲"的列宁就给马克思主义哲学史的发展做了更多具体的工作,这里要细分为其执政和理论著述两方面,实则就是列宁既是剧中人也是叙述者之意。执政方面的贡献,指的是列宁在1917年之后在具体执政过程中对马克思主义哲学的丰富和发展,然后被后世马克思主义哲学史家记录了下来;理论著述方面,指的是列宁在自己著述中具体地描述了马克思创立马克思主义哲学过程,且已能从基本意义上给马克思主义哲学进行分期和定性。这体现在列宁的《马克思学说的历史命运》、《马克思主义的三个来源和三个组成部分》、《卡尔·马克思》、《什么是人民之友》、《唯物主义和经验批判主义》和《哲学笔记》等著作中包含了大量关于马克思主义哲学史的论述,提出了许多重要思想。①

列宁在《论马克思主义历史发展中的几个特点》一文中阐释了马克思主义活的灵魂问题,他指出了人们如果忽视这一点,就会"阉割马克思主义的活的灵魂,破坏它的根本的理论基础——辩证法"②。《马克思学说的历史命运》首先划分了马克思哲学发生和发展的一个小的阶段:

> 马克思首次提出这个学说是在1844年。马克思恩格斯合著的,于1848年问世的《共产党宣言》,已对这个学说作了完整的、系统的、至今仍然是最好的阐述。从这时起,世界历史显然分为三个主要

---

① 黄枬森:《哲学的科学之路——马克思主义哲学的科学体系研究》,北京师范大学出版社2005年版,第111—112页。

② 《列宁选集》第2卷,人民出版社1972年版,第398页。

时期：第一个时期是从 1848 年革命到巴黎公社（1871 年）；第二个时期是从巴黎公社到俄国革命（1905 年）；第三个时期是从这次俄国革命至今。①

列宁这里划分了自《共产党宣言》发表到巴黎公社、巴黎公社到俄国革命（1905 年）、俄国革命的发展三个阶段②，这给日后的马克思主义哲学史分期带来了两个重大的影响，即一是根据革命实践的重大节点划分时期，二是根据史家所在国家的民族解放历程划分马克思主义哲学发展时期。《马克思主义的三个来源和三个组成部分》则简要地定性了马克思主义哲学的革命意义，列宁指出了马克思主义哲学的理论来源，明确了马克思把"唯物主义对自然界的认识推广到对人类社会的认识。马克思的历史唯物主义是科学思想中的最大成果"③。《卡尔·马克思》论述的马克思主义哲学部分，已经是马克思主义哲学史的写法，除了没有那么丰富的资料和明确的历史分期，其他与当下马克思主义哲学史并无质的差异。该文首先介绍马克思的生平，其中提及了马克思博士论文、任职《莱茵报》编辑、《共产党宣言》的撰写等④，该文随后在"马克思学说"的总框架之下顺次介绍哲学唯物主义、辩证法、唯物主义历史观、阶级斗争。⑤ 列宁关于马克思生平事迹的介绍和著述的抽象，虽然简略且有马克思著述缺失的缺憾，但已大致勾画出了马克思一生主要理论贡献和实践历程的演变轨迹，这给后世史家带来的影响是非常大的。

最后，从马克思主义哲学建设的视角看，斯大林与列宁很不一样，斯大林不需要跨越俄国革命胜利前后去思考问题，他是站在执政者的角度去研究哲学的，所以他的著述更多的是体现出用马克思主义哲学为自己的施政维护和辩护的色彩。这在我国马克思主义哲学界是一个主流看法。斯大林不善于写

---

① 《列宁选集》第 2 卷，人民出版社 2012 年版，第 305 页。
② 《列宁选集》第 2 卷，人民出版社 1972 年版，第 437 页。
③ 《列宁选集》第 2 卷，人民出版社 2012 年版，第 311 页。
④ 这里缺少了对《德意志意识形态》撰写的描述，列宁生前没有机会读过该著述。
⑤ 《列宁选集》第 2 卷，人民出版社 2012 年版，第 418—448 页。

史,他的著述以论为主,他对马克思主义哲学史研究主要体现在他的三部著作《悼列宁》《论列宁》和《论列宁主义基础》中,这三部著述构成了马克思主义哲学史之列宁阶段的描述。① 斯大林的写作风格在其《辩证唯物主义和历史唯物主义》中体现得尤为明显,这个小册子的一个显著特点就是没有"史",斯大林似乎是不喜欢谈论历史的,他喜欢谈论原则,即使是对编撰苏联史教材拟定写作原则时他也只谈论原则和价值观。他在这本小册子当中提出了一些当下并不认可的观点,诸如生产力与生产关系完全适合、取消否定之否定规律,等等,这些都留给后世无穷的争论,比如马克思主义哲学是不是"辩证唯物主义"加上"历史唯物主义"、"辩证唯物主义"仅仅是方法论②,等等,甚至连"论辩证唯物主义和历史唯物主义"当中的"和"能否用"与"来代替也众说纷纭。斯大林对马克思主义哲学史家的影响主要体现两个方面,一是不谈论马克思主义哲学发展历程的影响,只需要直接给出各种"原理"即可;二是将维护现实实践提升为史家写作的最高准则,即"对社会主义革命和建设长达30年的直接实践中,斯大林一方面运用马克思主义哲学思想,一方面从社会主义运作的实践出发,集中解决涉及社会主义确立和巩固的若干重大理论问题,对这些理论问题的探讨和论述逐步形成了一个专题性理论框架。"③

第二节　极左思想的影响

进入社会主义建设时期之后,马克思主义哲学就丰富了自身的功能,即为执政团队的政策进行维护,哲学家们努力地在马克思、恩格斯、列宁等人的原著中寻找着最能支撑和彰显最新时代精神的词句,所以我们现在看到的苏联东欧马克思主义哲学史著述在他们的各个执政世代都会有不同的表述,比如

---

① 详见中文版《斯大林全集》第6卷,人民出版社1956年版,第42—46、47—57、62—165页。
② 《斯大林文选》(1934—1952)上,人民出版社1962年版,第177页。
③ 李尚德:《评价与争议——斯大林哲学体系研究》,广东人民出版社1998年版,第104页。

赫鲁晓夫世代与斯大林世代的转换、勃列日涅夫世代与赫鲁晓夫世代的转换、戈尔巴乔夫世代与其所有前任的转换，因为时代精神总是会变、马克思也总是时代的同行者。但马克思主义哲学史的基本线索已在列宁那里就确定下来了，所以理论框架基本延续了下去，即描述社会生活是强调"无产阶级与反动阶级的斗争"，体现在理论层面就是"唯物主义与唯心主义的斗争"，社会主义国家的哲学家们都按照这个既定的模式展开自己学说的建构。

我国曾有学者中提到：尽管也有人撰写过马克思主义哲学史，但总体上没有形成独立的马克思主义哲学史学科[1]，该种说法所指"也有人撰写过"应指的是弗兰尼茨基《马克思主义史》的哲学部分（1961年）、马·克莱恩《马克思主义哲学史》（1969年）、纳尔斯基《19世纪的马克思主义哲学》（1979年）等早于我国第一本马克思主义哲学史著述《马克思主义哲学史稿》（1981年）的著述，"没有形成独立的马哲史学科"的说法实际上是按照我们视角当中的学科建制式发展来理解学科建设，即其中不仅仅要有前期成果，而且还要有与之对应的学科研究会（包括二、三级以至更多的分学会）或者硕士博士点的设置，当且仅当这两个条件都成立时才能被称为某种学科的独立发展。我们所谓"前史"的第二层含义是，即使存在瑕疵，我们也必须坦率地承认苏联东欧哲学史家是我们的老师，必须努力地学习他们的经验教训。

弗·梅林的《马克思传记》（1918年）以马克思生平及其与恩格斯合作创立马克思主义学说的历程为主线，以时为序渐次展开马克思波澜壮阔的一生，其中必然贯穿有马克思的著述和言行观点，而这同样是马克思主义哲学史描述的主要形制：著述与人物生平事迹的交相辉映以取得总体上的理论丰满度，在此意义上该书与列宁的《卡尔·马克思》可以划分为同一类型的著述。在此意义上，不同版本的马克思个人传记与马克思主义哲学史著述在描述马克思这个人及其学说的部分，具有大体相近的史料价值，二者区别只在于贯彻凝

---

[1]　李景源：《中国哲学30年（1978—2008）》，中国社会科学出版社2008年版，第42页。

聚在笔锋之上的情感——比如说梅林在《马克思传》中对马克思曾批判过的一些人进行了点评,很明显,梅林与列宁的观点是不完全一致的。① 该书对后世的马克思主义哲学史著述的影响有两个,一为将阶级斗争贯穿马克思主义哲学史著述构建的始终②;二为描述体例,仅从该书目录编排来看,已基本上具备了日后苏联东欧马克思主义哲学史家所构建的"马克思主义哲学史"或"马克思主义史"涉及马克思本人相关描述的三个主要元素:其一,马克思是谁? 其二,马克思是怎样创立以他本人的名字命名的学说的? 其三,马克思如何在欧洲工人运动中贯彻自己学说的?"马克思传记"与"马克思主义哲学史"的区别正如"马克思学说"与"马克思主义"之间的区别一样:一个是描述马克思本人,一个是描述马克思主义经典作家,我们可以把梅林的《马克思传》看成是浓缩了的马克思主义哲学史,即马克思主义哲学史的马克思阶段,日后的专门的马克思主义哲学史著述无非是把介绍"马克思哲学是什么"扩编成了"马克思主义哲学是什么"罢了。这里特别要指出的是,列宁的《卡尔·马克思(传略和马克思主义概述)》同样是简略地描述了马克思的生平及其哲学理路的发展,且发表的时间是 1913 年早于 1918 年梅林的《马克思传》,但我们仍然认为梅林的《马克思传》更全面更详细地描述了马克思创立以自己名字命名的哲学体系的过程。

有关马克思主义哲学史的研究,苏联哲学界曾经在 20 世纪 60 年代以前出版了一些专题性的或有关某个时期的著作,比如《哲学史》(六卷本)、《苏联马克思列宁主义哲学史纲(三十年代)》等。其中由敦尼克等人编撰的《哲学史》(六卷本)第三、第四、第五卷描述了马克思主义哲学产生、在欧洲革命中的实践、在苏俄早期发展中的贯彻等内容,如果将这部分内容单列出来也可以被称为一部完整的马克思主义哲学史,即马克思主义哲学的创立到苏联社会主义建设时期的马克思主义哲学史。此外,还有奥伊则尔曼的《马克思主

---

① 　[德]弗·梅林:《马克思传》(上),樊集译,人民出版社 1973 年版,第 362 页。
② 　黄楠森、庄福龄、林利:《马克思主义哲学史》第 3 卷,北京出版社 1991 年版,第 543 页。

义哲学的形成》一书,该书研究了青年马克思、恩格斯思想发展历程,类似于我国"马克思、恩格斯早期著作研究"的著述。到20世纪70年代中期,苏联马克思主义哲学界已积累了大量涉及马克思主义哲学的形成及发展的研究材料。诸如П.Н.费多谢耶夫、Л.Ф.伊利伊切夫、Б.М.凯德洛夫、Т.И.奥伊则尔曼、Б.А.恰金和其他苏联哲学史家,在他们的著述中提出了研究马克思主义哲学史的方法论问题,并大体上描述了马克思和恩格斯学说的形成和发展的历史状况,然后描述了该学说在苏联和其他社会主义国家的传播过程。

　　1979年,苏联科学出版社发布了由苏联社会科学院哲学研究所诸多专家编撰的第一部全面系统论述马克思主义哲学发展历程的通史,该书既有纵向追溯马克思主义哲学诞生、成熟的轨迹,又有横向展开马克思主义哲学在全世界范围内开枝散叶的考察,这一点与马·克莱恩的著述相比显然更进了一步。该书总体的描述手法,乃是以马克思、恩格斯、列宁、斯大林的经典著作及其对应的历史实践为基本研究对象,作者们特别注重原著的抽象,较少涉及经典作家的生平事迹,几乎不反映职业哲学家对马克思主义哲学发展所做的贡献。这就表现了该书作者的两种治史观点:其一是英雄史观,较少突出职业哲学家的贡献;其二是见"文"不见"人",过多地依赖文本解读——这通常令非马克思主义哲学专业的读者阅读感觉不是太好。该书根据马克思和恩格斯哲学观点发展不同阶段的色彩变化,对一系列马克思主义哲学主要术语("实践"、"异化"、"人道主义"等)的理论内容作了详尽的版本考订方面的研究,解读了一系列马克思主义基本概念(如"生产力"、"劳动"、"剥削"等)的流变历程,从而构建一个完整的学术的马克思主义理论(马克思主义哲学、马克思主义政治经济学、科学共产主义)模型作出了理论贡献。在此意义上,它是我国主流马克思主义哲学史著述的前导——即结合经典作家自身思想的发展及其革命实践、马克思主义哲学内蕴诸范畴的流变史对马克思主义哲学史进行全方位的描述,以此展现一幅多姿多彩且较为饱满的历史画卷。此外,该书与过去同类性质的著作相比,与时俱进的精神较为明显:比如对于《资本论》的分析依据的是不同的版本,又比如能够结合当时最新自然科学成果对恩格斯辩证法思想加以分析,等等。该书的独特之处在于非常注重笔底风云,凡是在历史进程中曾与马克思、恩格斯、列宁有过争论的一些人及其著述,凡是与苏联哲学界主流认知不同的人,必有专门笔墨进行讨论。比如该书有一节(第三章第三节)是针对《1844 年经济学哲学手稿》的讨论,以较大的篇幅点名批判了试图过高赞扬《1844 年经济学哲学手稿》的西方学者,这样的描述手法在我国当代马克思主义哲学史著述中基本是见不到的。这与不同的时代因素有直接的关系,20 世纪 80 年代初期我国学者对《1844 年经济学哲学手稿》中的异化、人道主义理论的争论,多发生在"场外",而且多伴有时政因素。[①]

　　1961 年,南斯拉夫学者普雷德腊格·弗兰尼茨基写就一部《马克思主义史》,该书既不是科学社会主义史,也非工人运动史,而是描述马克思主义三个组成部分各自发生、发展的轨迹,然后再将三者糅合为一团所构成的一部史籍,如作者所云,这是"一部叙述马克思主义思想和理论的通史"。[②] 这部著作是我国学界通过南斯拉夫实践派哲学家的著作首次了解到西方马克思主义是什么;同时,它还成为我国马克思主义哲学史研究和突破苏联教科书体系的重要佐证资料。该书由马克思主义诞生的历史前提和文化前提为导言,然后转入青年马克思与青年恩格斯的个人成长描述,之后全面展开马克思、恩格斯经典著作的解读,第二部分阐述马克思主义理论在第一、第二国际绽放的历程。从史籍描述形制的视角来看,这已构成了一个以时为纲的纪传体体裁典范:以经典著作为记载中心,贯穿马克思、恩格斯等经典作家革命事迹及

---

　　① 李景源:《中国哲学 30 年(1978—2008)》,中国社会科学出版社 2008 年版,第 57—58 页。

　　② [南]普雷德腊格·弗兰尼茨基:《马克思主义史》,李嘉恩、韩宗翙等译,人民出版社 1986 年版,第 3 页。中文版据原著 1977 年版译出。

著述,且还记载了经典作家的战友及学生的故事——一种典型的以时为纲展开的纪传体体裁。之后诸多马克思主义哲学史著述的体例大体如是,区别仅在于类似于"列传"的体例中纳入何者从而体现著者的民族特色而已了。普雷德腊格·弗兰尼茨基的治史观点明显地呈现出当时南斯拉夫的时代精神:文中充满了人道主义色彩①、民族主义色彩。南斯拉夫实践派哲学家们以自己的方式支持着自己的领导人铁托与苏联人的论战,南斯拉夫实践派对现实社会生活的关注集中地体现在1964年创刊的《实践》杂志的发刊词中:

> 我们所要求的杂志,应该是不把哲学理解为一个特殊的领域,不把哲学当作独立于其它学科、远离社会日常问题的学科。我们这个杂志上的哲学,应该是革命的思想,应该是对现存一切的毫不容情的批判,应该是对真正的人的世界的人道主义展望,应该是鼓舞革命行动的力量。②

例如,首先,弗兰尼茨基并未像我国马克思主义哲学史史家那样认为《关于费尔巴哈提纲》、《德意志意识形态》是马克思主义哲学形成的标志③,转而与一些西方马克思主义者观点一致地认为《1844年经济学哲学手稿》是马克思表述新观点的第一个文件。④ 其次,否认马克思在革命实践当中也有学习的表现,该书仅仅把马克思主义的理论来源固定在马克思产生新观点之前,产生新观点之后的马克思似乎已不需要再吸收任何与其同时代的人类优秀成果了,这也是该书一个令人感觉不如意的地方。我国学者在1986年的时候撰文

① [南]普雷德腊格·弗兰尼茨基:《马克思主义史》,李嘉恩、韩宗翊等译,人民出版社1986年版,第14页。中文版据原著1977年版译出。
② 中国社会科学院哲学研究所《哲学译丛》编辑部编译:《南斯拉夫哲学论文集》,三联书店1979年版,第327页。
③ 叶汝贤:《新世界观天才萌芽的第一个文件——试论〈关于费尔巴哈的提纲〉在马克思主义哲学发展史上的意义》,《中山大学学报(哲社版)》1981年第4期。
④ [南]普雷德腊格·弗兰尼茨基:《马克思主义史》,李嘉恩、韩宗翊等译,人民出版社1986年版,第137页。中文版据原著1977年版译出。

指出,马克思主义的理论来源是个动态变化过程,除了新观点产生前的三大块来源之外,之后的 1852 年阶级斗争理论的新贡献的概括,就是马克思在总结 1848 年欧洲革命经验,批判地吸取资产阶级历史学家和经济学家有关思想的基础上提出的;马克思和恩格斯对原始社会的研究和《家庭、私有制和国家的起源》的问世,则是他们批判地研究和吸取摩尔根的《古代社会》一书的积极成果的结果。① 如果不能将马克思看成是一个"活到老、学到老"的人,这个说法实则与苏联式的马克思主义哲学教程将诸经典作家的言论牢牢地固定在人类真理地图上的努力有着相似之处。在此意义上,苏联东欧个别马克思主义哲学史家的思维水平也就是仅仅达到了黑格尔之前的那些欧洲哲学史家的水平,远远落后于社会主义生产和革命实践发展水平、远远落后于时代精神的发展。

1969 年出版了由东德哲学家马·克莱恩、埃·郎格、弗·李希特合撰的《马克思主义哲学史》(原名《德国马克思列宁主义哲学史》,现名为中译名)一书先以经典著述为描述中心展开了从"马克思主义世界观产生的历史、理论前提"到"青年马克思、恩格斯思想发展脉络"的画卷,进而以时为序描述了马克思主义哲学贯彻到欧洲工人阶级运动中的诸多真实案例,最后就是描述了马克思、恩格斯的朋友及学生们的理论著述与革命实践活动。该书作者在"序言"中首先指出了马克思列宁主义哲学史的研究对象是:辩证唯物主义和历史唯物主义产生、发展及其运用的规律性,是辩证唯物主义和历史唯物主义与无产阶级的阶级斗争、革命的工人政党、社会主义建设、科学进步的内在的发展中的联系。② 这与我国马克思主义哲学史学界的主流看法基本一致,我们也认为马克思主义哲学史的任务在于研究马克思主义哲学诸多基本概念、

---

① 江丹林:《注重马克思主义哲学横向理论来源的研究》,《安徽大学学报(哲社版)》1986 年第 3 期。

② [东德]马·克莱恩、埃·郎格、弗·李希特:《马克思主义哲学史(从马克思主义哲学的产生到巴黎公社之前)》,熊子云、俞长彬等译,中国人民大学出版社 1983 年版,第 5 页。

范畴、原理及其理论体系是在怎样的条件下产生和形成的，又是在怎样的条件下不断地被修改、补充、丰富和发展的，其中又是遵循着怎样的规律发展的，每一步发展和变化在整个马克思主义哲学史上占有何种特定的地位，等等。与苏联人相似的是，该书使用了"辩证唯物主义和历史唯物主义"作为"马克思主义哲学"的代词，而我国多数马克思主义哲学史著述采取了模糊化的描述手法以避免去证明"辩证唯物主义+历史唯物主义＝马克思主义哲学"这样的公式是否成立，如我国中山大学版《马克思主义哲学史稿》所描述的："马克思主义哲学史是研究马克思主义哲学的产生、变化、发展及其规律性的科学"。① 又如黄枬森所指出的"马哲史应以马克思主义世界观的发展作为主要的研究对象，这是不能动摇的"。② 以"马克思主义哲学"或"马克思主义世界观"取代"辩证唯物主义+历史唯物主义"的提法更能为我国学界所接受。该著述与其南斯拉夫同行的著述有两点不同：首先，该书作者将《关于费尔巴哈的提纲》确定为马克思阐发新观点的第一部著作，作者认为《关于费尔巴哈提纲》里表现出"马克思同他以前的一切哲学，特别是黑格尔哲学与费尔巴哈哲学有原则分歧的观点"，③这个观点显然影响了我国学者们。其次，该书作者批判了西方学者过度拔高《1844年经济学哲学手稿》的企图，即企图"抹杀在世界观方面资产阶级意识形态同社会主义意识形态之间的对立"。④ 这些都是较之弗兰尼茨基的著述更影响我国马克思主义哲学史著述主流观点的地方。关于马克思、恩格斯合著的《德意志意识形态》，该书作者评价极高，这也可以看成是对弗兰尼茨基的纠正。对于《哲学的贫困》，该书作者认为在马克思主

---

① 中山大学哲学系：《马克思主义哲学史稿》，人民出版社1981年版，第1页。
② 黄枬森：《哲学的科学之路——马克思主义哲学的科学体系研究》，北京师范大学出版社2005年版，第95页。
③ ［东德］马·克莱恩、埃·郎格、弗·李希特：《马克思主义哲学史（从马克思主义哲学的产生到巴黎公社之前）》，熊子云、俞长彬等译，中国人民大学出版社1983年版，第235页。
④ ［东德］马·克莱恩、埃·郎格、弗·李希特：《马克思主义哲学史（从马克思主义哲学的产生到巴黎公社之前）》，熊子云、俞长彬等译，中国人民大学出版社1983年版，第223页。

义哲学史中占据有非常重要的地位,因为它是"第一次公开表达了新的世界观:辩证唯物主义与历史唯物主义",特别是马克思主义哲学与工人阶级世界历史使命的划时代的发现"有机地联系在了一起"①。该书作者认为马克思主义哲学与工人阶级斗争在理论上的完美融合在《共产党宣言》中得以体现,之后的1848—1849年的欧洲革命和1848—1852年是马克思主义哲学在无产阶级运动中的发展,或者说是马克思主义哲学在欧洲工人革命中的贯彻。特别值得注意的是,该书作者认为不能将马克思后半生的经济类著述排除在马克思主义哲学研究的范围之外,该书作者指出:需要高度重视《政治经济学批判大纲(草稿)》(1857—1858年)、《政治经济学批判》(1859年)以及1861—1863年和1863—1865年为《资本论》撰写的内容广泛的准备著作,《资本论》使马克思主义哲学思想达到了它迄今为止的顶点,并得到了充分的发挥。② 这与我国一些学者的观点相似:不能把哲学看作马克思的"少作","原本"的勃兴并没有淹没了"副本"的继续发展。③ 将马克思主义哲学形成的标志看成是一个过程而不是一个固定的"点",这个观点应该是该书的一大特色。

苏联东欧社会主义阵营哲学界编撰的马克思主义哲学史著述在框架设计、修史义例、撰述体例等方面深刻地影响着我国马克思主义哲学史家们。比如,以时为纲的框架、革命实践与理论著述合二为一的写作方式、是否应从史学意义上呈现马克思主义哲学发展的时代特征,等等。

---

① ［东德］马·克莱恩、埃·郎格、弗·李希特:《马克思主义哲学史(从马克思主义哲学的产生到巴黎公社之前)》,熊子云、俞长彬等译,中国人民大学出版社1983年版,第279页。

② ［东德］马·克莱恩、埃·郎格、弗·李希特:《马克思主义哲学史(从马克思主义哲学的产生到巴黎公社之前)》,熊子云、俞长彬等译,中国人民大学出版社1983年版,第374页。

③ 张一兵:《回到马克思——经济学语境中的哲学话语》,江苏人民出版社2005年版,第22页。

第三节　写作逻辑的变化及其原因分析

历史剧目中的剧中人做了什么,是后人不可能也不应该再改变了,史实如此,史叙也应一一对应。但情况恰恰不是如此的,史书经常随着时代精神的变化而出现描述的变化,这才是史学研究的一种常态,每个时代都有自己的历史哲学。当人们面对的时代精神发生了变化之后,人们世界观的拼图体系也被悄然无声地部分或全部改变了,每个人都认为自己"看"到的就是事物原来的样子,史学研究从未走出过"盲人摸象"的泥沼。在不同时代精神灌注之下的马克思主义哲学史就呈现出不同的色彩,但其中的一些影响因素是共同的。

首先,民族精神投射的影响。笔者认为这个影响高于意识形态的影响,所以将其排在首位。史学家里切特指出,一件对历史事件的描写可以反映出一个历史学家的文化背景,同一文化背景下的历史学家会重视同一个价值观,虽然这些人都声称自己是作为一个真正的历史学家独立地开展研究的,但他们的研究成果却是反映出了更多的共性,而较少地反映出他们的个性。① 外国史学家对本国所做的历史描述,肯定不会令本国人满意,尽管这位外国史学家一再声称自己是如何的客观。难道美国人会认为一个英国史学家所作的《美国史》会令他们满意吗? 或者是一个阿拉伯人对所作的《以色列史》能成为以色列大学的指定教科书吗? 对涉及两国关系的同一桩历史事件,两国历史学家的描述可能是不同的,甚至是相反的。不同国籍的工人阶级之间,既有合作,也有争端,工人阶级是有国家和民族界限的,现实生活的事实已多次证明了这个观点。

"工人没有祖国"是《共产党宣言》中的一句话,它既是马克思主义理论中

---

① Heinrich Rickert, *Science and History*, trans. From the German by George Reisman, Ed. by Arthur Goddard, D.Van Nostrand Company, Ing., New York, 1962, pp.135-136.

的一个原理,也是曾经的革命实践,更是一种观察世界的方式。德国浪漫主义者亚当·米勒认为,"国家"一词可作为"社会"、"社会生活"、"世俗生活"、"世俗存在"等的同义语使用。① 在德国百科全书派学者谢德乐那里,"民族"(Nation)一词亦常以"人民"的意义出现。有时,民族一词也会用来指称社会中的某个"阶级"(estate,stand,ordo)或社会团体(Gesellschaft,societas)②。在此意义上,"工人没有祖国"在字面上可解释为"工人没有世俗存在"、"工人没有领土"、"工人没有政权"。如果从地域视角理解,就是无产阶级无国籍,全世界只有"无—资"对立的环境,除此再无其他。至于为何工人要忘记国籍,因为资产阶级联盟同样是没有国籍的,马克思在《关于波兰的演说》中谈道:"一个国家里在资产阶级各个成员之间虽然存在着竞争和冲突,但资产阶级却总是联合起来并且建立兄弟联盟以反对本国的无产者;同样,各国的资产者虽然在世界市场上互相冲突和竞争,但总是联合起来并且建立兄弟联盟以反对各国的无产者"③。又如,在《雇佣劳动与资本》中,马克思说道:"工人不是属于某一个资本家,而是属于整个资本家阶级"。④ 既然资本家是一整块的,显然觉悟起来的工人阶级也应该是一整块的。工人阶级如何不分国籍地联合起来呢? 显然并不需要孔多塞极力推荐的世界语言作为黏合剂,⑤只需要具有共同的被压迫感即可。正如恩格斯在《关于共产主义者同盟的历史》中所指出的:"单靠那种认识到阶级地位的共同性为基础的团结感,就足以使一切国家和操各种语言的工人建立同样的伟大无产阶级政党并使她保持团结"⑥。

① ［美］里亚·格林菲尔德:《民族主义:走向现代的五条道路》,王春华等译,上海三联书店2010年版,第430页。

② ［英］埃里克·霍布斯鲍姆:《民族与民族主义》,李金梅译,上海人民出版社2006年版,第17页。

③ 《马克思恩格斯选集》第1卷,人民出版社1995年版,第308页。

④ 《马克思恩格斯选集》第1卷,人民出版社1995年版,第337页。

⑤ ［法］孔多塞:《人类精神进步史表纲要》,何兆武、何冰译,江苏教育出版社2006年版,第178页。

⑥ 《马克思恩格斯选集》第4卷,人民出版社1995年版,第209页。

在现实实践中,这个口号首要表现为全世界无产阶级保卫苏联苏维埃。每个人都从属于民族,每个人都从属于阶级,二者本来是可以兼容的,但只允许保留一种属性的时候,这两种属性就形成了"冲突"。经济、文化所扮演的角色事实上是依国家的疆界而定的。历史研究的主题可以不断翻新,如王权、国家、阶级、个人、身份认同等,但其心照不宣的参照系总是民族。① 现实生活中,人们往往会集体无意识地跟着自身的民族性走,这似乎并不需要特别的去证明。

其次,时代精神的转换。这在苏联东欧体现得尤其明显,即新的历史阶段带来了新的时代精神,马克思主义哲学史作者们则根据新的精神调整自己的理论步调。根据唯物史观的看法,个人世界观归根结底总是受到经济方式的制约,都受到个人所属的那个阶级的立场的影响。苏联哲学著述似乎总是每隔一段时间就会更换一个主题,原来的主题似乎一夜间就失去了价值,从爆炒到冷落只不过是因为时代精神发生了改变,原来的提及人及其提法被冷落的缘故罢了,类似的事情在苏联东欧当中此起彼伏地发生着。

再次,历史资料缺失或历史学家有意识地选择史料的影响。史学治学通常是这样的:

> 修史之序,先广搜史料,辑成长编,然后加以别择去取,勒成定本。在昔司马温公之修《通鉴》,即用此法。史料缺乏,固不足以言修史,史料凌杂,修者亦无法致功。长编之法,即取多量史料,加以整齐排比,使其年经月纬,以类相从,秉笔者再为斟酌去取,修饰润色,而资以成史者也。②

马克思主义哲学史的叠加给人们最直观的印象就是史料的叠加,我们现在看到的是某个前人留下的他对马克思主义哲学发展历程的看法。史学家诠

---

① 〔美〕杜赞奇:《从民族国家拯救历史:民族主义话语与中国现代史研究》,王宪明译,社会科学文献出版社 2003 年版,第 15 页。

② 金毓黻:《中国史学史》,商务印书馆 2009 年版,第 2 页。

释的是前人留下的史学典籍,修昔底德首先是人们重构伯罗奔尼撒战争经过的一个来源,但它同时也是历史认识的一个对象,即所谓"前日视为撰述者,正为今日之记注,后日视为记注者,亦即今日之撰述"。① 当代史学家根据前人所留的史料并加入自己的价值判断之后以新史的面貌再传之后世,在这个人类文明传承的链条中,史学家既是"观众"又是"讲解员",史学家如何诠释前人史籍是关键的一环。我们现在看到的马克思著述,列宁斯大林都没有全面看到过,我们也不敢保证我们现在看到的就肯定是马克思本人的真实意思表达,比如《1844 年经济学哲学手稿》和《德意志意识形态》的缺失部分及其内涵。

最后,学术争论带来的冲击。例如,苏联人在 20 世纪 20—30 年代的哲学大讨论,俄共(布)在取得了内战胜利后,苏俄哲学家们开始了"对哲学科学的种种复杂问题,进行理论阐述的最初尝试"。这种尝试是在一个特殊的理论背景下完成的,即发生在 20 世纪 20 年代"德波林派"与"机械论者"的第一次哲学大论战。经过此次论战,两派都对马克思主义哲学原理中的一些基本问题进行了阐述。20 世纪 20 年代末,苏联哲学界展开了"正统派"与"德波林学派"的第二次哲学大论战。通过这次论战,更加完善了唯物辩证法体系。这两次哲学大论战对马克思主义哲学原理体系的形成起到了巨大推动作用,主要表现在:一是在论战中,认识到了构建一个高水平的马克思主义哲学原理体系的重要性;二是在论战中,对于马克思主义哲学的部分内容,展开了充分的讨论,深入探讨了马克思主义哲学的一些范畴、规律,更准确把握了它们的内涵,为创作一部经典的马克思主义哲学原理教科书打下了理论基础。② 学术争论对于马克思主义哲学体系的建构起到了极大的推动作用,人们对于马克思主义哲学中一些常论常新的问题在争论当中达成了一些共识,于是对这些哲学问题的探索又向前缓慢地迈了一小步。马克思主义哲学史家在采信最新

① 金毓黻:《中国史学史》,河北教育出版社 2003 年版,第 265 页。
② 黎学军:《苏联哲学政治化研究》,中国文史出版社 2012 年版,第 28 页。

的马克思主义哲学研究成果之后，马克思主义哲学史也就呈现出一种新的理论色彩了。①

马克思主义哲学的发展不是一条直线，马克思主义哲学史的描述轨迹同样不会是一条直线，而这正是史学自身的规律决定的。

"苏联模式"在马克思主义哲学史研究问题上，显然是坚持"一线单传"的观点，即认为列宁是马克思主义的正统传人，斯大林是列宁的正统传人，至于他们同时代的其他社会主义运动的领袖，则不是反马克思主义的就是非马克思主义的。毛泽东在反对教条主义的过程中，提出了马克思主义中国化的问题，后来又明确提出各国共产党人在运用马克思主义的时候必须将它和本国实际结合起来，这就在实际上否定了"一线单传"的观点，即运用于不同国家的马克思主义，虽然具有不同国家特色，但并不妨碍它们都姓"马"。②

由于以上几种原因的困扰，马克思主义哲学史从诞生之日至今走过了一条弯弯曲曲的道路，它明亮的色彩总是来自时代精神的映射，各国各个时代的马克思主义哲学史家们都认为马克思与自己"同宗同族"，总是自觉或不自觉地以马克思本人的口气阐述和维护着与自己同时代的时代精神。这既是马克思主义哲学的理论特点，也是马克思主义哲学史的理论特点：一源多流，各自表述。

---

① 黎学军、蒙莉：《中国马克思主义哲学史"前史"的流变》，《南昌大学学报（人文社会科学版）》2016 年第 2 期。

② 李景源：《中国哲学 30 年（1978—2008）》，中国社会科学出版社 2008 年版，第 75 页。

第二章 1978年以来中国马克思主义哲学史研究

在整个马克思主义哲学史著述的纵向序列中,我们的作品既非孤本,也非首创。本书主要是从我国的视角看的中国改革开放之初至今我国马克思主义哲学史的发展变化历程,它实则上就是当代中国马克思主义哲学史,本书"当代史"只是为了叙述方便单独起一个篇章名字而已。

社会主义革命和建设时期是我国用领袖语录教化大众的时期,政治话语乃至全社会的空间都激荡着斗争的口号。为快速传播现实的马克思主义理论,彼时采取的简便措施有其时代依据。在纸质媒介为主的时代背景下,相比较"全集"和"选集"的形式,"语录"的确是最有可能在短时间内教化中国大陆民众的一种体裁。但其弊端也非常明显,再加上其他的一些时政因素造成了很长一段时间内马克思主义理论界不能用动态眼光看待马克思主义哲学本身。

改革开放之初,我国马克思主义哲学界就积极酝酿着拉动已"凝固"的理论时空,经过数次集体研讨之后,学人们形成了这样一种共识:"为了能够完整、准确地理解马克思主义哲学观点,为了能够对其中某个观点作出合乎实际的、真正科学的分析,为了在马克思主义研究中反对公式化、教义化、简单化的倾向,就必须特别强调把马克思主义哲学发展史当作一部认识史来研究,恢复它们的本来面貌".① 与其说我们想构建一种全新的学科,毋宁说我们更想知道马克思主义哲学从哪里来、要到哪里去而已,以思想解放运动为契机开启我国马克思主义哲学史学科构建的历史帷幕由此而拉开了。

我国马克思主义哲学史建立的重大标志有两个:一个是 1979 年 10 月成立于厦门大学的中国马克思主义哲学史学会(1984 年安徽学科年会更名至今);另一个是中山大学版《马克思主义哲学史稿》(1981 年)的正式出版。随后在 40 余年的时光里,该种以传播主流意识形态的来龙去脉为自己首要任务的特殊史学种类②发展的基本面是怎么样的,它的学科系谱是怎样的,它的发展逻辑是什么,它的史学特征是怎样的,它正面临着怎样的困惑,解答和厘清这些问题,需要我们全面浏览我国正式出版的马克思主义哲学史著述,并按照一定规律进行排列组合,最后提炼出一些共同的规律出来,借此以明晰我国马克思主义哲学史建设一些规律和特点。③

第一节　分期及其说明

现实生活与学术建设一直都是紧密结合在一起的,按照学术内史与外史逻辑特点结合起来对学术发展进行分期既符合学术规律,也符合人们最一般的思维顺序。我们按照两个标准划分学术建设的各个阶段:首先,结合马克思主义哲学史在改革开放各时期的著作特点、著者主体意识、学科建设的状况;其次,按照我国改革开放的历史节点,我们将中国马克思主义哲学史(1979—2023 年)发展历程分为三个小的阶段:

---

① 全国马克思主义哲学史研究会编:《马克思主义哲学史论文集》,三联书店 1982 年版,第 5 页。

② 该类别著述与《中国近现代史纲要》学科越来越像,共同特征都是宣扬主流价值观的红色史学,区别只在于一个侧重于传播红色实践、一个侧重于传播红色理论。

③ 本章部分内容,已先行发表于《山西师大学报(社科版)》2012 年第 3 期,作者为本课题主持人黎学军。

　　第一期,"向后看"阶段(1979—1989 年),从 1979 年学科第一届学科年会召开到《马克思主义哲学史》(八卷版)的第六、第七卷(1989 年)发表止。在马克思主义哲学史初创时期里,刚刚从理论沉睡状态苏醒的中国马克思主义哲学史学家们囿于视野和勇气的束缚,尚不能大步快走,他们延续了一种当时主流的含蓄的学术研究风格并悄悄地进行综合创新是完全可以理解的。这当然不是说此阶段讨论的哲学问题都已在苏联人哪里都得到了"解决",中国人只需要综合学习即可,我们指的是中国马克思主义哲学史界当时学习并借鉴了苏联的哲学史体系:他们的写法和分期方式。从中国马克思主义哲学史学会 1981 年年会至 1983 年年会,学界所讨论的主要论题是马克思恩格斯原著解读、列宁哲学思想、毛泽东思想在马克思主义哲学史上的地位、关于唯物史观形成标志等"新"问题,此时邓小平关于改革开放的新提法尚没有进入学术研究视野。马克思原著解读方面,学界的注意力主要集中在马克思、恩格斯的《1844 年经济学哲学手稿》、《德意志意识形态》、《关于费尔巴哈的提纲》、《哲学的贫困》等几部著作,尤其是前两部,这也顺应了当时的时代精神和理论潮流。这里主要有两个原因,一个是西方马克思主义哲学界掀起对《1844 年经济学哲学手稿》的重新解读浪潮,包括苏联东欧哲学界也站在不同立场展开了自己的解读,受此影响我国哲学界对人道主义也展开了一些讨论。另一个是对刚刚过去那一段不堪回首岁月的反思,这股反思的浪潮席卷几乎所有社会科学领域,哲学界当然也有所回应。令后世学人们倍感荣幸的是,我国这一代马克思主义哲学史家对马克思恩格斯原著的文本解读著述滋养了一代又一代的后来者,直到现在,这些著述仍然是全国很多设置有哲学系院校的师生必读书目。此外,学人们也开始尝试着结合自己对最新时代精神的理解展开对马克思主义哲学史的研究,我们经常可以看到马克思主义哲学史与马克思主义哲学的研究偶尔会出现一些重复,既然都是强调"实践"的学科,出现研究领域的重复是可以理解的。从 1984 年年会至 1988 年年会,配合着改革开放的历史进程,人们在讨论关于马克思主义哲学的形成问题、马克思专著的研究等保留节目之外,也尝试着探讨人的主体性问题。总体而言,该阶段的中国马克思主义哲学界虽然意识到、虽然也极力想挣脱苏联哲学界的影响,但未能如愿。

第二期,"自我意识渐强"阶段(1990—1999 年),从《马克思主义哲学的理论与历史》(1990 年,余源培)的出版到 1999 年马克思主义哲学界对于"回到马克思"倡议的热烈讨论止。随着苏联体制的轰然倒塌,中国成为了全世界体量最大的社会主义国家,中国马克思主义哲学界研究视角的宽度和深度都发生了一些显著的变化。20 世纪 90 年代的马克思主义哲学史家们开始以学术之"眼"看待西方哲学及西方马克思主义理论,注重哲学前沿问题的热情渐呈井喷之势。[1] 与此同时,学界还开展了对马克思主义哲学史的交错研究,即不但将马克思主义哲学史与马克思主义政治经济学史、科学社会主义史进行综合研究,而且还将马克思主义哲学史同其基本原理以及基本原理在各个领域的应用即同现实问题的研究交错在一起的模式。[2] 一些学者对马克思主义哲学史传统体系本身提出了批评,矛头直指所谓的"英雄史观"[3],英雄史观既是中国古代史的传统写法,也是全世界史学界书写某国通史时候的惯用写法,普罗大众的名字通常并不出现在史书当中,这似乎也没有什么歧视色彩的,但这个写法一直都饱受诟病,尤其是以这种写法构建实践特色特别凸显的学术史的时候。在社会主义国家史学界,这样的写法到底是发端自什么时代有一些争议。我们认为这样的写法首先来自马克思主义理论自身的逻辑要求,其次来自苏联早期领导人对史学界的直接干预。[4] 1991 年苏联解体之后,社会主义国家也开始反思一些长久以来人们熟视无睹的东西,从"学生"时代

① 中国社会科学院哲学研究所:《中国哲学年鉴 1991》,中国大百科全书出版社上海分社 1991 年版,第 53—57 页。

② 邢贲思:《中国哲学五十年》,辽海出版社 1999 年版,第 846 页。

③ 中国社会科学院哲学研究所:《中国哲学年鉴 1990》,中国大百科全书出版社上海分社 1990 年版,第 54 页。

④ 斯大林:《斯大林文选(1934—1952)》,人民出版社 1962 年版,第 19—24 页。

走出来的中国哲学家们也尝试着独立思考问题。20 世纪 90 年代末,在马克思主义哲学研究领域,"回到马克思"的倡导响彻云霄:

> 我们没有也不可能想到马克思恩格斯早期论著中的理论语境未必都是科学的! 否则,当我们立基于青年马克思的早期文稿时,反倒对马克思主义哲学的科学文本发生了怀疑。更重要的是,当我们在标举某种理论逻辑时,并没有打算界说自己的理论来源或在理论无意识层面上的支援背景,即本世纪 30 年代以后国内外讨论中已经出现过的各种解读语境。这就导致了我们在没有设定自己的理论边界时,就非法和轻易地说"我认为"。①

人们意识到,中国学术主体性必须及时树立起来。20 世纪 90 年代末的学界逐渐认识到:"哲学无'我',是近半个世纪的当代中国哲学的最大弊端与悲哀;创建有'我'哲学,才是真正的发展当代中国哲学之路"。② 这一期的特点如张一兵所说的,由黄皮肤黑眼睛的中国马克思主义哲学工作者的历史性文本解读开启的全新的历史地平的大幕开启了。

第三期,"向前看"阶段(2000—2023 年),新世纪开始至 2023 年学科年会为止。新世纪之后,特别是我国加入世界贸易组织之后,中国与外界的商贸文化交往日益增多,伴随着国力渐强的步伐学人们的学术视野也越来越开阔了。我国学人不仅积极加入马克思著述考证版的工作当中,且在各种时新的学术讨论中逐渐与国际哲学界接上了轨。虽然时代在变,但自觉维护主流意识形态,坚守心中红线始终是我国马克思主义哲学史家们的一种自觉行为。2000 年之后的年会基本上属于与时俱进式的会议,学者们就最新的一脉相承的理论及其应用进行热烈的探讨。比如 2005 年年会关注马克思主义的中国化、构建和谐社会;又如 2006 年年会探讨科学发展观与和谐社会的本质;再如 2007

---

① 张一兵:《回到马克思——经济学语境中的哲学话语》,江苏人民出版社 2005 年版,第 2 页。

② 孙正聿:《崇高的位置》,吉林人民出版社 2007 年版,第 238 页。

年年会开展了中国特色社会主义与马克思主义中国化研究、科学发展观与构建社会主义和谐社会的探讨，2016 年年会以"《德意志意识形态》与马克思主义哲学的当代发展"为题，2017 年年会探讨了"世界马克思主义哲学发展视域中的当代中国马克思主义哲学"，等等。众所周知，我国任何一门社会科学都必须为弘扬社会主义主旋律而作，正如毛泽东所指出的：

> 我们的这种态度是不是功利主义的？唯物主义者并不一般地反对功利主义，但是反对封建阶级的、资产阶级的、小资产阶级的功利主义，反对那种口头上反对功利主义、实际上抱着最自私最短视的功利主义的伪善者。世界上没有什么超功利主义，在阶级社会里，不是这一阶级的功利主义，就是那一阶级的功利主义。我们是无产阶级的革命的功利主义者，我们是以占全人口百分之九十以上的最广大群众的目前利益和将来利益的统一为出发点的，所以我们是以最广和最远为目标的革命的功利主义者，而不是只看到局部和目前的狭隘的功利主义者。①

又如习近平总书记所指出的：

> 解决中国的问题，提出解决人类问题的中国方案，要坚持中国人的世界观、方法论。如果不加分析把国外学术思想和学术方法奉为圭臬，一切以此为准绳，那就没有独创性可言了。如果用国外的方法得出与国外同样的结论，那也就没有独创性可言了。要推出具有独创性的研究成果，就要从我国实际出发，坚持实践的观点、历史的观点、辩证的观点、发展的观点，在实践中认识真理、检验真理、发展真理。②

与时代主旋律的关系日趋紧密是马克思主义哲学史未来的一个极其重要的发展趋势，时代精神的倾力贯注及解读范式的转换，深刻地影响着马克思主义哲学史的未来之路。

---

① 《毛泽东选集》第三卷，人民出版社 1991 年版，第 868 页。
② 《习近平谈治国理政》第二卷，外文出版社 2017 年版，第 341 页。

第二节　系　谱

系谱(pedigree)亦称家系。是指记录某一家族各世代成员数目、亲属关系以及有关遗传性状或遗传病在该家系中分布情况的图示。① 学术系谱记录的是学科建设当中源流及其开枝散叶的具体路径和数量:他们是谁、他们来自哪里。中国马克思主义哲学史目前尚没有建立明确的系谱,该领域开创者或者已渐渐老去,如果再不及时补上这个环节,该领域来时的路可能就越发模糊了。

制定我国马克思主义哲学史系谱有两个困难:一个是学理方面的原因,社会主义国家思想政治教育的教材一般说来长得都很像,体现在基本观点、内容框架、写法,甚至思维方式都是一模一样的,区别通常只在于字数的多寡而已。我们很难精细地区分出我国马克思主义哲学史有多少个流派、每个流派观点差异在哪里。但史学发展总得有个"家谱"啊,我们这里就不区分流派,只是按照第一部马克思主义哲学史著述《马克思主义哲学史稿》编者及其开枝散叶来笼统地记录该学科的"家事"。另一个原因是我国目前并没有可以公开查询的详细的导师师承系统,我们很难了解第一代的马克思主义哲学史家的弟子门生的姓名与科研状况,即使了解也未必能将他们不加分辨地纳入该领域系谱当中,因为很多人可能已离开了本学科,正如学会会员当中也未必人人都是从事马克思主义哲学史研究的一样。

基于以上两个原因,我们在记录该领域系谱时,笼统地按照院校、师承两个原则进行大概的描述:

北京大学:黄枬森、余其铨、夏剑豸、丰子义、聂锦芳、李涛

中国人民大学:庄福龄、马绍孟、奚广庆、施德福、赵常林、梁树

---

① http://baike.baidu.com/link? url=7dajSK--bSifW_amsfI6VYSLBD8u8Msh8a3XRwUASdvkkAeMdCvAOM4FmG.

发、高惠芳

南开大学：王南湜、谢永康、朱蕾薇

黑龙江大学：张奎良

复旦大学：余源培、吴晓明、曾文婷

南京大学：孙伯鍨、侯惠勤、张一兵、胡大平、仰海峰、刘怀玉、唐正东、张亮

中山大学：高齐云、叶汝贤、徐俊忠、李恒瑞、刘森林、旷三平、徐长福、林育川、黎学军

武汉大学：徐瑞康、朱传棨、何萍、李维武、李佃来

苏州大学：庄友刚

这个系谱是非常简略的，简略到苍白的程度，很多偶尔涉及马克思主义哲学史的研究者都没有收录进去，记录进去的也未必一直都是专门的研究者，比如中山大学一脉，发展到刘森林、旷三平等人这里，他们更多时候已转向到了研究马克思文本和德国哲学传统等领域。

迄今为止，学术传承和师承结构最完整的似乎只有南京大学孙伯鍨一脉了。迄今为止，该学脉一直坚持对马克思主义哲学史展开研究，他们几乎每一年都有相关著述发表。

从系谱可以看到，基本上都是"985"院校哲学系的老师及其弟子门生，地方院校从事该专业研究的老师较少，学术研究本身的"大众化"程度仍然需要提升。笔者拟建议马克思主义哲学史学会建立专门的谱系，希望能够将本学科薪火相传的路径较详细地记录下来。

第三节　当代史的概述

学术发展的第一段时期是学科内学人的学术火花最旺盛的阶段，也是学界出版著述最多、学术争论最多的意气风发时期。我国马克思主义哲学史著

述发端于一本思想道德教育课教材,当下称为思想政治教育教材或马克思主义哲学系专业教材,即《马克思主义哲学史稿》,从一开始该学科就不只是为学术界同人交流而作,它更重要的职能是面对广大哲学专业学子普及马克思主义哲学知识并使得学子们从中感受到马克思主义理论强大的逻辑力量。这在所有社会主义国家基本是一致的,最"尖端的"哲学社会科学技术必须首先作用于意识形态灌输领域。

一、第一阶段

中山大学版《马克思主义哲学史稿》(1981 年)文本始自高齐云、叶汝贤等人在 1978 年初的一份马克思主义哲学史稿提纲,该提纲经过 1979 年 1 月的全国马克思主义哲学史研讨会(桂林)来自各院校及科研部门 80 余名学者的讨论之后,它与北京大学油印本、中国人民大学油印本三者理论合流在一起形成的书稿经黄枬森先生带回到了北京,交由人民出版社出版,在经过众多马克思主义哲学家接力之后,中国当代第一部马克思主义哲学史稿于 1981 年10 月刊印问世。该书编委基本上囊括了马克思主义哲学界一时之精华,当时凡是有马克思主义哲学重点学科的院校均参与到该书的编写工作中,日后独立出版类似作品的学者,大多参与了该书的编撰工作。从此视角来看,该书不仅仅是规定了一些学术基本定见的开山之作,更重要的可能是它的学科孵化器作用。

该书简要地叙述了自 19 世纪 40 年代马克思主义哲学诞生到 20 世纪 50年代斯大林逝世这一时期马克思主义哲学理论及其实践的发展历程,不包括马克思主义哲学在中国的传播、运用和发展阶段。这是很轻易就能理解的,刚刚过去的思想界困境使得人们在尚未得到自上而下的那种对马克思主义哲学发展阶段的定义之前,小心翼翼地避免了对涉及对刚刚过去的人和事作出评价。但该书在马克思主义哲学史分期中对马克思主义哲学中国化的过程有所描述,认为马克思主义哲学在中国的传播和发展应可细分为几个不同的时期。

绪论对一些基本概念的内涵进行了定义，因为它是我国第一本，所以这些定义对后世著述的影响是不言自明的。首先，该书描述了马克思主义哲学史的对象和任务。关于定义，该书指出："马克思主义哲学史是研究马克思主义哲学的产生、变化、发展及其规律性的科学。"①从这个定义当中我们可以看到，从一开始学人们就把"动"的基因放到了基本定义当中，从而间接地否认了所谓的理论"顶峰"论。正如该书强调指出的"总之，马克思主义哲学史是从运动变化的形态上研究马克思主义哲学的产生、发展及其规律性的科学。"②这也成为了日后我国所有马克思主义哲学史著述的基本定见。虽然绪论仍然是风云满纸的，"斗争"一词以频繁出现的姿态延续了刚刚结束的那场运动的很多特征，这当然也是可以理解的。但该书明确反对英雄史观，追求中庸平衡，用"既要……也要……"的句式来达到理想与现实之间的微妙平衡，如该书指出的：

> 马克思主义哲学是无产阶级和其他劳动人民的经验的总结，是集体智慧的结晶；而不是某些个人的天才头脑的产物。马克思、恩格斯、列宁、斯大林、毛泽东等对马克思主义哲学的创立、发展作出了伟大的贡献，马克思主义哲学史必须加以如实的肯定和充分的阐述。如果否定或篡改他们当中任何一个的贡献，马克思主义哲学发展的真实历史就必然被歪曲。但是，如果把马克思主义哲学的历史解释成某些个人的哲学思想的发展历史，那同样歪曲了马克思主义哲学发展的本来面目。③

刚刚从特殊年代走出来的人们，能做到如此程度已令人非常钦佩了，在2009 年中山大学哲学系庆祝叶汝贤先生 70 岁生日的学术会议上也有学者再次提及此事，与会者闻之无不感慨万千，既为彼时学人的勇气，也庆幸自己身

---

① 中山大学哲学系：《马克思主义哲学史稿》，人民出版社 1981 年版，第 1 页。
② 中山大学哲学系：《马克思主义哲学史稿》，人民出版社 1981 年版，第 2 页。
③ 中山大学哲学系：《马克思主义哲学史稿》，人民出版社 1981 年版，第 5 页。

处 21 世纪百花齐放、百家争鸣的学术环境当中。

该书关于马克思主义哲学史的分期,笼统地划分为两个大的阶段,即自由资本主义时代的马克思主义哲学和垄断资本主义时代的马克思主义哲学,前者对应马克思、恩格斯时期,后者对应列宁、斯大林、毛泽东时期。该两个大的阶段又可细分为诸多小的阶段。该书建构了同类著述的共有标杆:按照经典作家理论著述结合革命实践为分期点,佐以民间学者的一些著述。这也成了日后类似著述的一个定见,且是后人难以逾越的一个定见。

第一章"马克思主义哲学的创立(1837—1848)"当中,该书从标题上就直接给出了编者的态度,马克思主义哲学创立的时间节点在哪里。此外,该书按照思想史的一般写法,对马克思原著进行了抽象,让马克思自己解说自己,即用马克思恩格斯的原著来说明 19 世纪欧洲的生产状况、自然科学研究状况,简言之该书率先开始使用了"以马解马"的描述方法。虽然这样的描述方式符合哲学史的一般写法,既然是描述某位或某几位思想家的思想变迁过程,当然是要回到思想家著述本身之中的;但这样的解读方式也有较为明显的弊端:弊端之一,对另外一些史学家撰写的关于 19 世纪欧洲状况的著述吸收不够。弊端之二,造成了一种惯有体例,中国学者不再更多关注西方学者的相关提法。① 该章首先介绍了青年马克思的生活,然后直接转向了他的博士论文的分析,随后开始描述马克思在《莱茵报》上发表的文章,并认为这是马克思转向唯物主义的开端:

> 考察马克思在《莱茵报》时期的思想发展可以看出:虽然马克思这时仍然把国家看成理性的体现,但他通过直接接触现实生活,通过对现实社会、经济问题的探讨,已经日益清楚地看到,社会上存在着利益对立的不同阶级,国家则是为贵族、特权者的私人利益服务的工具。现实国家中所谓的自由,只不过是一部分人的特权。在国家生

---

① 当下一部分马克思主义哲学工作者倾向于"旁敲侧击"式地研究马克思主义哲学,即研究马克思之前、马克思之后的西方哲学体系,试图走出一条与苏联不同的道路。

活中,起决定作用的不是观念的力量,而是等级地位、物质利益。这些观点,显然是与黑格尔的国家观不同的。这表明马克思已经开始转向唯物主义。①

随后这一章书将1837—1848年马克思恩格斯的主要著述进行了解读,具体就是马克思《黑格尔法哲学批判》、《论犹太人问题》、《1844年经济学哲学手稿》、《神圣家族》、《关于费尔巴哈提纲》、《德意志意识形态》、《共产党宣言》,并确立了马克思完成世界观转变、马克思主义哲学诞生、唯物史观的发现等等节点。这一章书再次强调了贯穿全书的一个观点,即"动"的观点:

> 马克思主义哲学的创立是一个过程。在这个过程中,马克思和恩格斯都经历了由革命民主主义向共产主义、由唯心主义向辩证唯物主义的转变,经历了由不成熟到成熟的发展。因此,对马克思和恩格斯这一时期的著作,必须放在这个转变和发展过程中来考察。②

该书第一章的撰者施德福、赵常林旗帜鲜明地指出了马克思主义哲学产生的标志:"提纲标志了马克思主义哲学的诞生",③而《哲学的贫困》、《共产党宣言》标志的是整个马克思主义科学世界观的正式问世。在马克思早期思想发展阶段问题上,该书创作集体有着清醒的认识,如在应对恩格斯、列宁曾经作出的分期都注意作了甄别。④

该书第二章"马克思主义哲学在欧洲风暴时期的运用和发展(1948—1871)"介绍了马克思和恩格斯在此期间他们著述所反映的欧洲无产阶级斗争状况,及其著述随着无产阶级斗争发展而发展的情况。马克思主义哲学与革命实践紧密结合,这是一种特质,一种欧洲其他哲学体系不具备的特质。这一章围绕《卡尔·马克思〈法兰西内战〉一书导言》、《德国的革命和反革命》、

---

① 中山大学哲学系:《马克思主义哲学史稿》,人民出版社1981年版,第29页。
② 中山大学哲学系:《马克思主义哲学史稿》,人民出版社1981年版,第87页。
③ 中山大学哲学系:《马克思主义哲学史稿》,人民出版社1981年版,第63页。
④ 赵常林:《研究马克思早期哲学思想应注意的几个方法论问题》,《江淮论坛》1993年第4期。

《路易·波拿巴的雾月十八日》、《资本论》及其手稿的解读展开。该书通过《路易·波拿巴的雾月十八日》、《法兰西内战》分析了马克思恩格斯阶级理念在这一时期欧洲的应用,合理地将《共产党宣言》当中提出的建立无产阶级政权的任务具体化了。正如作者所指出的:

> 马克思、恩格斯在1848年欧洲革命时期创造性地运用和发展了马克思主义哲学,特别是它的历史唯物主义,这不是偶然的,只有实践才能推动理论的发展,并赋予理论以活力。如果说,马克思主义哲学在欧洲风暴到来之前,还较多地停留在理论探讨和研究的阶段,而当欧洲风暴到来之后,马克思主义哲学则进入从理论向实践飞跃的时期。马克思主义哲学接受这样大规模的革命实践的检验,还是第一次;被用于这样尖锐复杂的大范围的实际斗争,也是第一次。在这种情况下,马克思主义的世界观和方法论,马克思主义哲学重要组成部分的阶级斗争和无产阶级革命的学说,必然要被提到重要的位置上来,得到进一步的丰富和发展。[1]

此外,该章详细地展开了对《资本论》的描述,对历史唯物主义的论证、唯物辩证法思想、辩证逻辑等与哲学有关问题的探讨。

该书第三章内容属于"晚年马克思恩格斯"部分,介绍了马克思如何捍卫以自己名字命名的哲学体系的斗争。该节围绕《哥达纲领批判》、《反杜林论》、《自然辩证法》等著述展开构建,该书作者得出的结论是:

> 马克思和恩格斯总结和概括了他们将近四十年的发现,系统地阐发了马克思主义哲学的基本原理,并且根据新的实践经验,提出和佐证了一系列新的原理;他们还深刻地揭示了马克思主义哲学各个组成部分之间的内在联系,从而使马克思主义哲学以更加完备的形态被表述出来。[2]

---

[1] 中山大学哲学系:《马克思主义哲学史稿》,人民出版社1981年版,第101页。
[2] 中山大学哲学系:《马克思主义哲学史稿》,人民出版社1981年版,第188页。

此外,作者还指出了马克思恩格斯这一时期的理论研究是直接地同无产阶级政党反对机会主义的斗争联系在一起的,且马克思主义哲学在斗争中得到了传播和发展。

该书第四章围绕恩格斯著述展开,描述恩格斯如何整理马克思遗著、如何捍卫马克思主义哲学尊严。该章围绕《家庭、私有制和国家的起源》《路德维希·费尔巴哈和德国古典哲学的终结》、恩格斯晚年相关书信展开构建,作者认为该时期恩格斯至少丰富了马克思主义关于阶级和国家的学说、明确提出了哲学基本问题、批驳了不可知论、全面论述了经济基础与上层建筑的辩证关系四个方面的功绩①。

该书第五章围绕马克思恩格斯弟子门生的著述展开,对其中一些人的评价延续了苏联人的提法,与当下的评价略有不同。比如对考茨基、伯恩斯坦的评价。作者认为:

> 十九世纪后半期,随着革命形势的发展和马克思主义的传播,在马克思和恩格斯的辛勤培育和具体指导下,欧洲各国大批自觉的无产阶级理论战士也逐渐增多和成长起来。作为马克思和恩格斯的追随者和战友,他们刻苦攻读马克思和恩格斯的著作,对马克思主义的传播和发展做出了重大的贡献。②

作者插播式地将马克思恩格斯弟子门生们著述放到马克思之后、列宁之前来描述类似的笔法也成为日后史家的一个惯例,也许仅仅按照时间顺序的意思,也许也隐含着弟子门生们在学术地位上较经典作家次一级的意味。

该书第六章至第八章属于"列宁阶段"的描述,划分时期的标准是根据列宁革命生涯的重大时间节点进行的,总体上是按照 1917 年前后划分,即俄国十月革命胜利前和胜利后两大阶段。分期的理由正如作者所指出的:

> 十月社会主义革命不只是开创了俄国历史的新纪元,而且开创

---

① 中山大学哲学系:《马克思主义哲学史稿》,人民出版社 1981 年版,第 221 页。
② 中山大学哲学系:《马克思主义哲学史稿》,人民出版社 1981 年版,第 222 页。

了世界历史的新纪元。这是马克思主义一曲响彻云霄的凯歌。科学社会主义从理论变成了现实。马克思主义哲学第一次成为一个国家占统治地位的思想,并被直接应用于建设无产阶级自己的国家和社会。从十月革命开始,列宁有了七年巩固无产阶级专政和建设社会主义的实践。把马克思主义哲学应用于指导史无前例的社会主义革命和建设,是列宁最为注重的事情,也是他在马克思主义哲学史上的重大贡献。①

既然将"去英雄化"作为全书的一个基本观点,那么对列宁阶段的描述就体现了该书作者的前后一致。在对马克思主义哲学的列宁阶段问题上,该书第六章就很谨慎地描述为"列宁的哲学思想是马克思主义哲学在新时代的继续和发展",而非像敦尼克《哲学史》第五卷中所描述的"从19世纪90年代中期起,出现了马克思主义历史上的一个新的时期即列宁主义时期;开始了马克思主义哲学发展中的新的、列宁阶段"。② 此后类似著述对毛泽东阶段、邓小平阶段都采用了类似本书的定义方式。对于哲学史治史方法的反思,该书也回应了学界对日丹诺夫的哲学史定义提出的重新评价的呼吁③,他们认为哲学战线的论争有的对苏联哲学界产生过一定的积极影响,但同时也存在不少问题。例如,作者指出,"对马克思主义哲学的科学性强调不够;用行政手段强制解决生物学上不同学派的争论"④,认为这些因素都严重妨碍了哲学和自然科学的发展,产生了消极的影响。该书第十章描述了斯大林对马克思主义哲学的一些提法,对斯大林的评价使用了我国主流的"三七开"评价标准,即更多肯定成绩,较少提及错误。或者说是该书作者认为哲学史属于经典

① 中山大学哲学系:《马克思主义哲学史稿》,人民出版社1981年版,第415页。
② [苏]敦尼克、约夫楚克、凯德洛夫、米丁、奥伊则尔曼、奥库洛夫:《哲学史》第5卷,齐力译,三联书店1976年版,第1页。
③ 冯契、顾谋中:《社会科学争鸣大系(1949—1989)·哲学卷》,上海人民出版社1990年版,第411页。
④ 中山大学哲学系:《马克思主义哲学史稿》,人民出版社1981年版,第475页。

著述的抽象,较少与经典作家社会实践中的错误直接挂钩,他们由此而巧妙地避开了这一敏感话题。作者说道:

> 斯大林也是一位有争议的人物。他在实际工作中,在哲学上也犯过这样或那样的错误。这些错误对无产阶级革命事业,对发展马克思主义哲学也产生了消极的影响。但同他的错误相比,其贡献是主要的。①

除了斯大林,其余苏东经典作家一概循正向评论维度,这也是我国马克思主义哲学史家们一直恪守的学术规矩。

中山大学版《马克思主义哲学史稿》两位主创者高齐云、叶汝贤在一些著述中也表达了自己的治史观点,汇总起来大致如下:首先,追溯历史的源头,即从完整、准确地理解马克思主义哲学体系的原真性出发来理解马克思主义哲学的精神实质及其发展的各种形态。其次,英雄史观须转变,应"目光向下"关注职业哲学家,该书在绪论中就指出:"如果把马克思主义哲学的历史解释成某些个人的哲学思想的发展历史,那同样歪曲了马克思主义哲学发展的本来面目"。② 最后,强调在研究之初就必须"去苏联化",把"以马解马"作为治史首要方法。③

无论是在出版年份还是在"认识你自己"这个意义上,中山大学的《马克思主义哲学史稿》的确是我国第一部正式出版的、真正意义上的马克思主义哲学史通史,一部具有开创性意义的著述。纵观全书,它首先是一本思想政治理论教育的教材,面向马克思主义理论专业本科生、研究生开设。编纂体例遵循教材基本范式,通俗易懂,用语简练,每一章书最后都由简单结论来提纲挈领。与后续类似教材相比较不过就是少了"课后思考"的栏目设置而已。

---

① 中山大学哲学系:《马克思主义哲学史稿》,人民出版社 1981 年版,第 483 页。
② 中山大学哲学系:《马克思主义哲学史稿》,人民出版社 1981 年版,第 5 页。
③ 李恒瑞、方真:《迈向新世纪的献礼——读高齐云教授〈马克思主义哲学原生态探微〉》,《现代哲学》1999 年第 4 期。

在孙伯鍨主持编撰的三个版本的马克思主义哲学史中,一些提法也是与时俱进的。比如,其 1982 年版中强调马克思主义哲学史是一部斗争的历史①,其 1988 年版中则更多地强调马克思主义哲学史是一门发生与发展同时并进的学科,其 2004 年版则不仅仅强调马克思主义哲学与时代精神结合的重要性,同时也强调回到马克思文本的极端重要性。又如,在历史分期问题上,他的 1982 年版将马克思主义哲学的运用和发展时期限定为 1849—1883 年,而其 1988 年版将该阶段细分为 1848—1875 年,他的 2004 版则与黄枬森八卷本相似,以原著发展顺序为纲,淡化了所谓理论"断裂"的时段之间的绝对界限。《马克思主义哲学的历史和现状》(上下卷,2004 年)的撰述方法论体现了浓厚的孙氏学派风格,即突出解读原著的方法论特征。该书分为上下两卷,上卷,写法非常传统,"马恩列斯……"的顺序另加点缀其中的个别民间学者哲学思想。该书上卷在时间上以 19 世纪为主,侧重叙述马克思主义哲学变革的实现及其在逻辑上的完成,突出它的精神源头及其理论活力;该书下卷在时间上以 20 世纪为主,侧重叙述马克思主义哲学在实践中的运用和曲折发展,突出它的中国化历程及其在中国特色社会主义实践中的艰难创新。该书基本不谈苏联、东欧马克思主义哲学阶段,突出了教材的要求,尽量避免与学子谈论过去不愉快的事情。这也是我国马克思主义哲学史共有特征之一,面对过去的某一个片段,采用春秋笔法是学界大部分学人共同的选择。该书也不把具有争议的西方马克思主义哲学思想放到正文当中,仅仅作为课后兴趣放到附录中,同样是体现了教材的需要,如作者所说"以利于教学的灵活处理"②。该书第十六章到第十八章关于苏联马克思主义哲学发展历程的描述部分,论述体例较多地参考了我国苏联哲学研究者的成果,所引俄文原著较少,似乎该

① 孙伯鍨、金隆德:《马克思主义哲学史》第一卷,山西人民出版社 1982 年版,"绪论"第 2 页。
② 孙伯鍨、侯惠勤:《马克思主义哲学的历史和现状》下,南京大学出版社 2004 年版,"后记"。

书仍然较缺失苏联哲学专题研究这一环。作者把西方马克思主义作为附录放在了全书的最后,并明确指出:

> 十分明显,以第一次世界大战为界,马克思主义哲学历史呈现出两个不同的阶段,前一个阶段的重大特征是理论的产生、验证,完善和传播;第二个阶段是实践运用和发展。但值得注意的是,这种概括并没有将在 20 世纪西方发达资本主义国家产生重大影响的"西方马克思主义"包括在内,这种重要的理论思潮诞生于 20 世纪 20 年代,它在重新解释马克思和批判发达资本主义这两个问题上做出了重大贡献,并因此实际地成为当代西方左派理论重要的学术资源。①

这个部分,该书作者从名词解释入手,继而描述"西方马克思主义"的内在逻辑及其演变轨迹,以一种简单的方式勾勒了西方马克思主义的大致轮廓。将西方马克思主义放到马克思主义哲学史里讲是本书一大特点,也反映了作者具有宽阔的理论视野。可以想见的是,是否将西方马克思主义放到马克思主义哲学史当中作为其中的一个片段的争论将持续下去。

庄福龄在改革开放之初就投入学科建设当中,据其自述:

> 十一届三中全会以后,学术研究进入新中国成立以来的最好时期。我开始深入研究马克思主义哲学史、马克思主义史和马克思主义中国化问题。从编写教材到汇集整理资料,从编写百科辞条到编写专业辞典,从编写普及读物到编写多卷本专著,从填补空白到研究通史,从研究正本清源的历史到研究中国继承创新的发展,从组织队伍、建立全国性学会到组织各种学术活动、繁荣学术讨论,从培养硕士、博士专门人才到策划学科研究的深化和扩展。我为马克思主义哲学史的学科建设几乎付出了所有的精力和时间,引起了广泛的社会关注。②

---

① 孙伯鍨、侯惠勤:《马克思主义哲学的历史和现状》下,南京大学出版社 2004 年版,第 793 页。

② 庄福龄:《六十年学术生涯回顾》,《毛泽东邓小平理论研究》2011 年第 6 期。

　　除了参与到学科组织的行政事务中,庄福龄还根据自己对该学科的理解,也著述了大量的相关著作。其所著《马克思主义哲学史纲要》(1983年)非常简练,读者群体设计为非马克思主义哲学专业的青年学子。该书对于马克思主义哲学形成的标志表述较为模糊,对异化理论的解析却较为详细。① 该书较为引人注目之处在于,在书末列出了"马克思主义哲学史上若干重要人物简介"、"马克思主义哲学史大事简表"。这也是庄福龄一贯的态度,即耐心地做学术基础性工作和科学普及工作,他曾说过:

　　　　如实地梳理历史,是马哲史学科建设的基础工程。既要尊重历史的连续性、尊重历史的一脉相承,又要尊重历史的变革性。即尊重历史的与时俱进,尊重经典作家对历史的评论,尊重他们关注和为之奋斗的那段历史与崇高理想;尊重历史要尊重历史的本质和主流,尊重对历史有决定意义的文献和文本,尊重这些文献赖以产生的历史背景,要慎待那些约定俗成的译文和译本,尊重那些经过历史考验应当长期坚持的历史真相和历史典籍;尊重历史要尊重历史的整体和历史的内在联系,要坚持整体的分析和系统的分析,要避免偏激、好恶和感情的冲动。总之,尊重历史就是尊重历史的客观性,这是认识历史客观规律的前提,是区分唯物史观和唯心史观的集中体现。②

　　囿于时代精神的局限,该书在对群众史观及其具体表现上的描述欠缺足够的笔墨。

　　李茂于1985年出版了一本《马克思主义哲学发展简史》,也可以认为是我国马克思主义哲学史研究当中的一个重要的本子。该书行文力求以史为主,力图讲清马克思主义哲学理论发展的脉络,力图使人读后能从整体上了解马克思主义哲学的来龙去脉,这就比单纯以原著、原理介绍代替历史的理论分析要好了不少。正如该书作者指出的:"我们在编写本书时,力求把历史的东

---

① 庄福龄:《马克思主义哲学史纲要》,中国青年出版社1983年版,第65—74页。
② 庄福龄:《深化马克思主义哲学史学科建设》,《教学与研究》2010年第12期。

西和逻辑的东西统一起来,做到史论结合,有史有论,把马克思主义哲学发展的历史再现出来。"①该书以编年史的体裁叙述了自马克思恩格斯转向唯物主义的开始至毛泽东哲学思想在新的历史时期的新发展,即从人们熟知的青年马克思的中学毕业论文开始,论述了马克思恩格斯批判改造黑格尔哲学、费尔巴哈哲学之后全面制定了历史唯物主义原理,随后按照编年史时序论述了马克思主义哲学在欧洲风暴和革命时期、巴黎公社革命以后时期的全面发展。该书作者在论述了马克思主义哲学的"马克思恩格斯时期"之后,循例进入了恩格斯之后、列宁之前时期论述,重点勾勒了狄慈根、考茨基、梅林、拉法格、普列汉诺夫等人对马克思主义哲学的发展。此后该书进入了马克思主义哲学苏联阶段的描述,对列宁哲学思想的描述我们早已熟知,作者对斯大林哲学思想及其实践的描述用当下的眼光来看明显缺乏新意,其描述手法更像是一本20世纪50年代的哲学原理书,例如作者在谈到布哈林如是说:"布哈林的'平衡论'是一种把烦琐哲学与内在矛盾的辩证法调和起来的观点。当他把这种观点应用于历史和社会问题研究时,不可避免地会得出错误的结论。……正是这些主张因与当时联共(布)中央在斯大林领导下推行的路线、方针、政策不一致而被斥之为右倾路线。"②总体而言,该书散发着当时的时代气象加上此前时代的浓郁气息。

黄枏森主编的三卷本《马克思主义哲学史》(1987年)在马克思主义哲学形成的标志上,采取的是恩格斯的"天才的萌芽"的提法,即不明确指出哪部著述是马克思主义哲学诞生的标志,而是采取了一种动态的描述手法——从《关于费尔巴哈提纲》的"萌芽"到《德意志意识形态》的详述唯物史观原理,再到《哲学的贫困》将唯物史观贯彻到资本主义社会发展的规律中,最后到《共产党宣言》的怒放——这与指明马克思的某部著述为马克思主义哲学产生的标志看法不同。我们认为,这样的一种动态式定义更符合马克思主义哲

---

① 李茂:《马克思主义哲学发展简史》,河南人民出版社1985年版,"前言"第7页。
② 李茂:《马克思主义哲学发展简史》,河南人民出版社1985年版,第313页。

学史的气质一些,也更符合人类的思维习惯一些。在三卷本中对于马克思主义哲学在中国的传播,该书作者几乎完全不谈职业哲学家的贡献,与此同时也避开一些敏感的历史阶段,时空的空白点较多。

作为给新中国成立40周年的献礼,黄枬森主持的八卷本系列丛书的第六、第七卷于1989年出版,该两卷书可以说是对马克思主义中国化时代精神的积极响应。第六卷和第七卷破除传统的"左"的认识框架,以科技、社会的飞速发展为背景,立足于和平与发展的时代主题,立足于改革与开放的社会主义国家的主旋律,重新理解和阐释马克思主义哲学的理论内容及其历史发展。邓小平理论是马克思主义在中国发展的新阶段,是当代中国的马克思主义,对邓小平理论的哲学内涵及其与马克思主义哲学关系的探讨构成本书的一大特色。① 从出版时间来看,该丛书第六、第七卷也是在国内学界对邓小平理论开展研究一段时间之后,有了较多定见之后汇编而成的,所以得以站在了该研究领域领先的地位上。

这两卷书将马克思主义在中国的传播与发展,作为一幅庞大的历史画卷徐徐向读者展开,图画里不仅仅有英雄驰骋河山的英姿,也有职业马克思主义哲学家若隐若现的身影。比如第七卷(下)提及了李达、艾思奇、杨献珍、冯定等人:

> 十年社会主义建设初期,我国哲学工作者对哲学领域的各个分支学科,如马克思主义哲学、中国哲学史、外国哲学史、逻辑学、美学等,进行了广泛的研究,取得了一定的成果,其中艾思奇主编的《辩证唯物主义历史唯物主义》教科书、李达主编的《马克思主义哲学大纲》、冯友兰的《中国哲学史新编》、侯外庐的《中国思想通史》等,影响较大。②

---

① 罗保国:《开创马克思主义哲学和哲学史研究的新局面——〈马克思主义哲学史〉八卷本座谈会述要》,《高校思想战线》1998年第6期。

② 黄枬森、庄福龄、林利:《马克思主义哲学史》第7卷(下),北京出版社1989年版,第252页。

作者高度肯定了他们对发展马克思主义理论的贡献。引人注目的是作者用了较大篇幅描述 1966—1976 年中国马克思主义哲学扭曲发展的状况，作者明确指出：

> 在这十年里，马克思主义哲学的许多基本原理被肆意歪曲、篡改和践踏，各种非马克思主义和反马克思主义的哲学观点却打着马克思主义的旗号在宣传着、泛滥着，在新中国的哲学发展史上，这是一段被非马克思主义和反马克思主义的观点占据主导地位的时期，是"唯心主义盛行，形而上学猖獗"的时期。①

该书作者也没有回避时任最高领导的错误，同时也表明了正义集团针锋相对的抗争，且认为是这种斗争捍卫了马克思主义哲学的理论纯洁性，由此在一定程度上限制了这段岁月的破坏程度。

这一时期的著述还有《马克思主义哲学史简编》（孟宪鸿，1983 年）、《马克思主义哲学史》（七所大学《马克思主义哲学史》编写组编，1984 年）、《马克思主义哲学史教程》（蒋士逯，1985 年）、《马克思主义哲学发展史》（叶汝贤，1986 年）、《简明马克思主义哲学史》（王卫国，1986 年）、《马克思主义哲学史教程》（余源培，1987 年）、《马克思主义哲学史教程》（王复三，1989 年）、《马克思主义哲学史：从诞生到当代》（祝大征，1989 年），等等。

二、第二阶段

第二阶段是我国马克思主义哲学史自主创新意识奠定时期，其间所发表学术通史数量不如第一期多，观点的碰撞也远不如第一期那么激烈，经过第一期的百家争鸣之后，较多知识点渐有主流见解，群议渐息。后苏联时代，这个阶段的学人们可以站在一个更高的理论高度去审视该领域的现状和未来。

1990 年出版了李恒瑞主编的《马克思主义哲学史新编》一书，该书框架由

---

① 黄枬森、庄福龄、林利：《马克思主义哲学史》第 7 卷（下），北京出版社 1989 年版，第 301 页。

高齐云先生指导制定,所以该书带有一定的中山大学《马克思主义哲学史稿》的痕迹,这里也可能还有一个原因,即主编李恒瑞长期在中山大学马克思主义哲学与中国现代化研究所学习、担任导师也有关系。该书专门为党校系统马克思主义哲学史课程而编制,由是每编之后都会有一个"简短的结语"以资教学之用,所以高齐云说"多年来却缺少紧密结合党校系统教学实际的马克思主义哲学史教材。现在,《马克思主义哲学史新编》的出版,正好填补了这一空白,使我国马克思主义哲学史的教材建设进入比较完整的阶段。"[1]该书明显汲取了相关题材在 20 世纪 80 年代编撰的经验,尤其体现在章节的设置上,该书并不完全按照编年体裁设置,而是将无产阶级革命直接实践时期设置为一编,其中包含了俄国革命实践和中国革命实践,这里就不是完全按照时间顺序安排了。又如,该书第四编是"马克思主义哲学在建设社会主义社会的实践中丰富、发展"也打乱了时间顺序,将苏联社会主义实践和中国社会主义实践放到了一起,按照同类项进行合并的描述手法应该可以认为是该书匠心独运之处。

余源培是新中国成立后复旦大学第一届哲学系毕业生,曾师从苏联人柯西切夫学习马克思主义哲学,特殊年代扎根乡村,学识未能充分施展。改革开放之后,他作为马克思主义哲学史第一批学术团队成员,在黄枬森、庄福龄、林利等专家的带领下,积极参加这个领域的建设,具体工作有:编写国家重点教材《马克思主义哲学史稿》(人民出版社 1981 年版)和面向 21 世纪的教材《马克思主义哲学史》(高等教育出版社 1998 年版)。合作主编《马克思主义哲学的理论与历史》(复旦大学出版社 1990 年版)。参加国家重点社会科学规划项目《马克思主义哲学史》(八卷本)编写,任编委和第五卷主编。他所著《马克思主义哲学的理论与历史》在历史分期上综合了苏联版与中山大学版马克思主义哲学史的优点,"马克思、恩格斯阶段"吸取了中山大学版《马克思主义

---

① 李恒瑞:《马克思主义哲学史新编》,中共中央党校出版社 1990 年版,第 1 页。

哲学史稿》的优点，"列宁阶段"的划分吸取了苏联版马克思主义哲学史的优点，值得注意的是，该书也认为存在着一个马克思主义哲学的"列宁阶段"，这与八卷版的提法明显有区别。他明确地表示自己对列宁思想研究较有心得，他说：

> 列宁是 1924 年逝世的，在他生前，马克思的一些著作如《德意志意识形态》、《1844 年经济学哲学手稿》、《人类学笔记》等，由于各种原因当时没有公开出版，列宁没有看到。因此，列宁对马克思学说的把握和研究就存在着一些空白点和不足的地方。立足当代现实对马克思的上述著作进行研究是完全必要的，我们应当运用这些研究成果，丰富列宁对马克思学说的研究，加以补充、深化甚至作出某些修正；但是，我们在这样做的时候，绝不能强调回到马克思而丢掉列宁，绝不能否定列宁对马克思学说的研究及其取得的成果，绝不能否定列宁与马克思学说既"继承"又"发展"的内在关系，绝不能否定列宁对整个马克思主义理论的贡献。[1]

余源培擅长以"哲"眼看马克思主义哲学史发展历程，他注意到马克思学说的形成并不仅限于黑格尔与费尔巴哈的"斗争"过程中，也应来自"非斗争"的施特劳斯、鲍威尔等人在马克思从宗教批判向政治批判、社会批判、经济批判和哲学批判转向中的重要地位。[2] 该书在前半程描述中将恩格斯从马克思的"阴影"下扯了出来，后半程却未将李大钊、瞿秋白等我国早期马克思主义哲学家的思想单列成篇，编撰逻辑有些首尾不一。[3]

《马克思主义哲学史》八卷本是国家哲学社会科学"七五"规划重点项目，

---

[1] 余源培：《列宁与马克思学说关系的思考》，《南京大学学报（哲学·人文科学·社会科学）》2010 年第 5 期。

[2] 卜祥记、余源培：《马克思思想历程的最初理论环节——对施特劳斯与鲍威尔关于基督教哲学基础的批判性分析》，《学术月刊》2004 年第 4 期。

[3] 余源培、虞伟人：《马克思主义哲学的理论与历史》，复旦大学出版社 1990 年版，第 208—258、531 页。

由黄枬森教授等人主持编写。该书编撰的意义远超编写一部史书之上,它为日后中国当代马克思主义哲学史学科在全国范围内的开枝散叶奠定了物质与思想的基础。全书约 400 万字,全书系统地叙述和评价了马克思主义哲学从 19 世纪 40 年代萌芽、诞生起,至 20 世纪 90 年代初在全世界传播和发展的历程。该书以革命导师的哲学思想发展为主线,同时给他们的战友、学生以及专业哲学家在马克思主义哲学理论上的贡献以应有的重视;以揭示辩证唯物主义和历史唯物主义的形成和发展为主,又对马克思主义哲学的其他部分如自然辩证法、军事辩证法、伦理学、美学、逻辑学、哲学史思想等给予了综合的评价;不但介绍了马克思主义哲学在原苏联、中国研究、传播和发展的情况,而且还介绍了它在全世界其他国家和地区的传播、研究和发展的情况。特别是对"西方马克思主义"、东欧"新马克思主义"的哲学思想给予了较为系统的正面介绍。全书由北京出版社于 1989—1996 年陆续出版。《马克思主义哲学史》(八卷本)站在时代高度,对马克思主义哲学发展历程进行宏观审视,它可以说是 20 世纪 80—90 年代中期类似著述的集大成者,其地位类似于国史中的"正史",这不仅体现在该书的"官修"色彩,也体现在该书 57 名编撰成员厚重的学术成就上。所谓"官修"有两层含义,一是该系列丛书由国家哲学社会科学基金项目重点扶持,有别于学界同侪的个人行为;二是黄枬森坚持马克思主义哲学体系论的基本观点,传承了苏联哲学的主要方面,有别于学界同侪的马克思主义哲学无体系论,如黄枬森在其晚年著述中提到的:

> 不论是哲学体系作为"隐性框架"散见在哲学家不同的著述与言论之中,还是作为"显性结构"已经完整地表述出来,事实上它们都体现了哲学作为理论体系的特点。即使在那些以"解构"体系自命的哲学家那里,我们也看到在有关一系列不同事件的评论中体现出相同的思想倾向,毋宁说这"不要体系"的持续不断的努力本身正是在建构一种"特殊的"体系。正因为如此,我们把体系的形成看成哲学家与哲学思想成熟的标志;征之以哲学史,我们看到的是一个个

醒目的体系的界碑而不是零星闪烁的思想火花。①

无需回避,马克思主义哲学有逻辑体系论仍然是我国政治界和马克思主义学界的主流看法。

该书第一卷开辟专门一章论述异化理论的来龙去脉②,编者不厌其烦地向读者解释着学术应该怎么样去作,这与纳尔斯基所撰马克思主义哲学史对应章节的描述有着显著的不同。该卷突出学理,淡化笔墨"斗争",注重追溯马克思主义哲学内蕴的诸范畴的"前世今生",开展了对编年史、学理史二者差异的探讨。例如第一卷中对异化、实践、生产关系等范畴的追根溯源所构建的"外史"及对青年马克思、恩格斯自身思想发展的追溯所构建的"内史",八卷本编者正是以众多片段史的展开构筑了一部咬合紧密的马克思主义哲学史通史。第一卷展现了马克思恩格斯通过各自的理论道路实现从唯心主义到唯物主义和从革命民主主义到共产主义的转变,以及他们共同探索和创立马克思主义哲学的发展过程,即《共产党宣言》之前的马克思与恩格斯。在该卷"导言"中,作者定义了马克思主义哲学史,即"作为科学的马哲史无疑以马克思主义哲学创立和发展的客观过程作为自己描绘和研究的对象"③,这是一个人们通常都能意会的定义,即某些具有共性的事情按照时间序列进行排列,然后按照某种标准进行归类所形成的一个整体描述。

该书作者将马克思主义哲学史研究对象明确为"马哲史应以马克思主义世界观的发展作为主要的研究对象,这是不能动摇的",同时也指出,其他组成部分,特别是"历史观和认识论的发展,也是马哲史研究的同样重要的对象"④。即马克思主义哲学史的研究对象至少有三个:世界观、历史观、认识论。这当然也有一些争议,如我们后面要讲的"马克思主义世界观"就不是指

① 黄枬森:《马克思主义哲学体系的当代构建》,人民出版社 2011 年版,第 14 页。
② 黄楠森、庄福龄、林利:《马克思主义哲学史》第 1 卷,北京出版社 1991 年版,第 304—309 页。
③ 黄楠森:《马克思主义哲学史》第 1 卷,北京出版社 1991 年版,"导言"第 2 页。
④ 黄楠森:《马克思主义哲学史》第 1 卷,北京出版社 1991 年版,"导言"第 3 页。

整个"辩证唯物主义",我国马克思主义哲学史就是在诸如这样的争议当中发展至今的。此外,该书也为后世同类著述定了一个规矩:经典作家都是马克思主义哲学家。该书结合了马克思主义哲学实践性的特点,论述了为什么西方不承认为哲学家的斯大林、毛泽东都肯定是马克思主义哲学史当中的重要人物。这是我国所有马克思主义哲学史著述中的一个基本点,或者说这是一个基本规矩。

该卷在勾勒了马克思世界观转变、恩格斯世界观转变之后,合理地推导出了在《提纲》和《形态》之中新世界观得以创立,随后又创立了科学社会主义:

> 在《形态》中,他们运用刚刚创立的唯物主义历史观,沿着以往对社会主义探索的思想轨迹,阐明了科学共产主义的基本观点。他们关于科学共产主义的思想不仅是运用唯物主义历史观分析现实而得出的结论,而且表明,科学共产主义也是他们新历史观的重要组成部分。[①]

该书第二卷,编者专门论述了马克思、恩格斯的军事哲学、科技哲学、美学思想等哲学学科类别列入马克思主义哲学的"门墙"之中。这些部类当然也是马克思主义哲学的一部分,将它们纳入马克思主义哲学中可以让读者以更广阔的视角去看待马克思恩格斯创立的体系,也为容纳列宁、毛泽东相对应的学说预留了学术空间。相对于其他简编版的同名著述,八卷本如此写法毫无疑义有着自身的优势,由于体量大可以容纳更多的内容、可以探讨更多的聚讼领域、可以把更多哲学目录下的二级学科纳入马克思主义哲学史的研究领域内。

该书第三卷阐述了马克思主义哲学从 1871 年到 1895 年的发展,深入揭示了马克思、恩格斯对马克思主义哲学基本原理的系统阐述和在斗争中的发展,作者提及了马克思恩格斯对巴枯宁、米尔伯格、拉萨尔、苏黎世三人团、杜

---

① 黄楠森、庄福龄、林利:《马克思主义哲学史》第 1 卷,北京出版社 1991 年版,第 459 页。

林的理论批判,并指出正是在这样的理论斗争中马克思主义哲学得到了发展,该卷作者指出:

> 针对巴枯宁无政府主义否定一切国家和权威、反对无产阶级进行政治斗争的错误理论,马克思恩格斯阐明了马克思主义的国家观和权威观,论证了无产阶级国家政权在改造社会中的作用,指出了政治因素在社会发展中的作用和无产阶级进行政治斗争的必要性。

> 针对米尔伯格的小资产阶级改良主义在住宅问题上的唯心主义观点,恩格斯论证了经济基础决定法权观念的唯物主义原理……针对拉萨尔主义对资产阶级国家的迷信和对未来社会的唯心主义空想,马克思恩格斯明确提出了共产主义社会发展的两个阶段的理论。

> 针对苏黎世"三人团"否定阶级斗争、放弃革命道路的右倾机会主义,马克思恩格斯论证了阶级斗争是"历史的直接动力"和"现代社会变革的巨大杠杆"的重要思想。①

> 随后大篇幅地勾勒了恩格斯反对杜林学说的功绩,其中非常重要的一个东西就是《反杜林论》中勾画了马克思主义哲学理论体系框架的努力,正如作者指出的:

> 从新唯物主义产生后到19世纪70年代中、后期,无产阶级解放运动、自然科学和马克思主义哲学自身的发展,都要求使新唯物主义进一步完善化系统化。恩格斯正是适应历史发展的这个要求,在《反杜林论》中建构了新唯物主义的理论体系,使新唯物主义进一步完善化,对马克思主义哲学的发展作出了有巨大意义的贡献。②

这个观点基本上能达成共识,即当下通行的马克思主义哲学体系的理论

---

① 黄枬森:《马克思主义哲学史》第3卷,北京出版社1991年版,第70页。
② 黄枬森:《马克思主义哲学史》第3卷,北京出版社1991年版,第147页。

源头主要就来自于《反杜林论》。该书此外还探索了恩格斯晚年对马克思主义哲学体系的构想及其在自然辩证法和历史辩证法方面的特殊贡献,并批驳了西方马克思学对恩格斯理论贡献的贬低,该书作者指出:

> 如果从马克思主义"经典著作"中剔除恩格斯的著作,从马克思主义思想体系、世界观中排除恩格斯的"低劣"成分,那么,马克思主义理论将是不完整的,不系统的,这实质上是对整个马克思主义的抛弃和毁灭。①

马克思、恩格斯的战友和学生的哲学思想,也收录到此卷中。编者沿用了苏联人的观点,即"他们是承前启后、继往开来的人物。由于实际斗争的需要,他们比较重视马克思主义的历史唯物主义,但对马克思主义的认识论、辩证法却缺乏深入的研究,这不能不是他们理论上的重大缺陷,也是他们后来在政治上和理论上失误以至于犯错误,个别还有背叛无产阶级利益的一个重要思想原因"②。进入21世纪之后,我国马克思主义哲学界对这些人的理论贡献有了一些新的看法。

该书第八卷属于对徐崇温率先引进的西方马克思主义理论的"接着讲",编者勇敢地承认世界上的马克思主义理论肯定不仅仅只有我们一种理解,他们指出:"在许多国家中相继出现了马克思主义哲学的研究热潮并形成了研究和解释多样化的结构",强调"马克思主义哲学在20世纪下半期获得普遍承认和应用是历史发展的必然结果"。③ 以马克思主义广阔的理论视角看待世界范围内不同的马克思主义理解方式是中国式现代化的题中之义,正如习近平总书记所指出的:

> 国外哲学社会科学的资源,包括世界所有国家哲学社会科学取得的积极成果,这可以成为中国特色哲学社会科学的有益滋养。要

---

① 黄枬森:《马克思主义哲学史》第3卷,北京出版社1991年版,第481页。
② 黄枬森:《马克思主义哲学史》第3卷,北京出版社1991年版,第633页。
③ 黄楠森、庄福龄、林利:《马克思主义哲学史》第8卷,北京出版社1995年版,第1页。

坚持古为今用、洋为中用,融通各种资源,不断推进知识创新、理论创新、方法创新。①

且不管内容如何,编撰范式的转换无疑是该书第八卷给世人的最大启发。不足当然是有的,如编者过多、体例复杂,也有人曾这样描述该八卷本的缺陷:"囿于体例和当时理论进展的实际,它也存在一些不足,例如,作为集体成果,它很少有创造性的观点;基本上仍然是革命领袖的思想发展史,很少写专业工作者的贡献;回避了政治问题,等等"。② 该系列丛书既是恰逢其时的,可能也是过早出现的。恰逢其时指的是它在我国哲学界最需要它的时候,它出现了,填补了多项空白。过早出现指的是它在思想激烈碰撞的年代出现,在学界对西方马克思主义哲学仍然没有太精深的研究、对 MEGA^2 尚没有深度参与的情况下,一些观点仍然盲从苏联人的情况下,内容上该书回避了太多的东西。

这一期的著述还有《马克思主义哲学史》(图拉古尔,1991 年)、《马克思主义哲学史新编》(李恒瑞,1990 年)、《马克思主义哲学史新编》(王建铨,1990 年)、《马克思主义哲学史》(鲁修文,1990 年,独著)、《马克思主义哲学史通论》(潘宝卿,1990 年)、《马克思主义哲学史辞典》(庄福龄、徐琳,1992 年)、《马克思主义哲学史》(黄枬森,1998 年)、《马克思主义哲学史教程》(王复三、汪建主编,1999 年)等。

三、第三阶段

在第三时期中通史体裁渐受"冷落",作为马克思主义哲学史中的断代史"中国马克思主义哲学史"③著述逐渐丰富,这既反映了时代精神的变化,也反

---

① 《习近平谈治国理政》第二卷,外文出版社 2017 年版,第 339 页。
② 章绍武:《专家学者座谈马哲史的研究》,《哲学动态》1995 年第 6 期。
③ 专题研究毛泽东思想、邓小平理论发展历程的著述,与学科史同名,易混淆。学科史名为"中国马克思主义哲学史",但指的是自马克思到 2010 年,所有的经典作家及其民间学者对马克思主义哲学研究的历程。

映了学界对马克思主义哲学史学科研究旨趣的转移,即由"高大全"转向了"小精细"。

何萍的《马克思主义哲学史教程》(上下卷,2009年)是当代马克思主义哲学史著作系列中极为少见的一本独著,尽管也有另一个参与作者,但主笔主要是一人,贯穿全书的主要是同一种风格。该书由两位作者共同完成,何萍完成了绪论和前四篇,李维武完成了第五篇。该书作者把马克思主义哲学史研究的起点追溯到20世纪20年代,即苏联马克思主义哲学建制式研究的时间点。

全书正文分为五编,前两编属于马克思主义哲学"马克思恩格斯阶段",第三编属于马克思主义哲学"列宁和斯大林阶段",只是作者不再以革命导师名字命名,彻底地"去英雄化"是一种贯穿全书的精神。第四编作者把所有西方马克思主义哲学思想集中了起来,第五编进入马克思主义哲学中国化阶段。作者还特别强调了一些区别,这也是贯穿全书的另一种精神:将过往的一些想当然观点抛弃了。不再把中国马克思主义哲学看成是苏联马克思主义哲学自然下传的阶段,而是强调二者质的差异性。该书指出:

> 就中国马克思主义哲学与苏联马克思主义哲学而论,中国马克思主义哲学的确是在苏联马克思主义哲学的影响下发展起来的,苏联马克思主义哲学的教科书也曾经对中国马克思主义哲学的形成起到了一定的作用,但是,我们决不能由此而把中国马克思主义哲学等同于苏联马克思主义哲学。因为从一开始,中国马克思主义者就只是把苏联马克思主义哲学当作认识论和方法论,在马克思主义哲学的创造上,中国马克思主义者主要是结合中国革命的现实,通过与中国思想界的论战,对哲学与科学、辩证唯物主义的哲学性质、马克思主义哲学的本体论和认识论的关系等问题做出自己的解答,创造出具有自身民族特色的马克思主义哲学。①

---

① 何萍:《马克思主义哲学史教程》上卷,人民出版社2009年版,第23页。

虽然作者并没有完全做到自己声称的突破，但至少是逻辑上已清晰了表明了自己的态度。

"绪论"部分，该书解读了"马克思哲学"、"马克思主义哲学"与"西方哲学"的关系，并按照自己的逻辑解读了马克思主义哲学传统形成的内在机制。在分期标准上，该书在自己第三阶段划分上有自己的特色，不再刻意以革命实践作为分期标准，这也是配合作者所说的"西方马克思主义哲学"作为马克思主义哲学第三种形态的观点。

在"绪论"当中，该书重提了一个有争议的话题，即马克思和恩格斯哲学思想差异问题，何萍是支持二者有差异的，以此来支持自己关于"即使是同一时代、同一民族的马克思主义哲学家，他们创造的马克思主义哲学理论也都保持着极强烈的个性特征"①的观点。马克思与恩格斯思想无差异是"正史"观点，坚持二者无差异就是维护马克思主义的统一性和合法性，21世纪以前的中国哲学界秉承这样的一种观点：

> 如何正确对待马克思和恩格斯之间的关系，对于坚定对马克思主义的信仰，意义十分重大。西方马克思主义在评价马克思和恩格斯的关系上，曾发生过重大的失误，而"西方马克思主义学"的一些资产阶级学者，则在这一问题上制造出了马克思和恩格斯对立的种种神话。"马克思和恩格斯对立"论，实质上是更深理论层次上的马克思主义过时论。②

21世纪以后的中国马克思主义哲学界也有一部分学人接受了马克思、恩格斯在哲学思想上还是存在差异的观点，无论如何，人们都渴望直接通过马克思看到马克思。

何萍强调马克思主义哲学史的研究范式需要更新，即以"文化哲学的研究范式"取代以往范式。这样的范式转换从史学角度来看，实质是更新史籍

---

① 何萍：《马克思主义哲学史教程》上卷，人民出版社2009年版，第20页。
② 杨韬：《评"马克思与恩格斯对立"论》，《中国青年政治学院学报》1992年第5期。

编撰的体裁——将以时为序纵向描述转变为通过研究不同国家、民族哲学传统叙述哲学发展的世界化和多元化的空间向度。① 具体说来，表现为两个层面的转变：其一，植入"空间"意识，该书打乱了传统马克思主义哲学史作品中将马克思主义哲学的发展历程所散发出的光晕消融在时间流逝中的描述手法，转而以空间序列重新编排人物"归属"的手法替代之——比如该书作者将普列汉诺夫编排到了"19 世纪后半期欧洲马克思主义哲学"一编中，而不是将传统马克思主义哲学史著述划分到"苏联哲学"中；其二，为植入"问题"意识，试图摆脱哲学教科书体系设定的逻辑框架②，从而达到启发读者自主思维的效果。何萍特别重视群众史观，她强调要真正重视学者群体的学术贡献；该书的最后一编是"马克思主义哲学中国化"，其中对李大钊、陈独秀、瞿秋白、李达、杨明斋等人对马克思主义哲学中国化的贡献，分别以专章进行了系统的阐述。又如，如在第一编第一至四章中，对 19 世纪后半期德国的伯恩施坦和罗莎·卢森堡、法国的拉法格、意大利的拉布里奥拉、俄国的普列汉诺夫等人的哲学思想和理论观点，及其在马克思主义哲学发展史上的意义，都作了客观的、历史的、全面正确的阐述和评判，澄清和纠正了以往从政治斗争角度进行的非历史的、片面性的评述和论断。③ 转换研究范式不仅仅表现了该书作者编撰逻辑的自我更新，也使得读者能在更广阔的空间里观察马克思主义哲学发展历程中的种种壮丽，何萍的努力令人鼓舞，她试图融合马克思主义哲学的学理发展史与编年史之间的缝隙，人们已很明显地感受到了她的努力，但如果在此创新过程中保持史籍所固有的时间流逝感就更完美了。

该书作者高度重视马克思主义哲学史的研究，如其所说：

我是一个马克思主义哲学研究者。如果说我的马克思主义哲学

---

① 何萍：《马克思主义哲学史教程》上卷，人民出版社 2009 年版，第Ⅳ页。

② 陶德麟、何萍：《马克思主义哲学中国化：历史与反思》，北京师范大学出版社 2007 年版，第 619 页。

③ 何萍：《在历史与现实之间探索马克思主义哲学的发展——何萍教授访谈》，《学术月刊》2003 年第 5 期。

研究有什么特点的话，我想可以用一句话来概括——在历史与现实之间探索马克思主义哲学的发展。这里所说的"历史"，指的是马克思主义哲学的发展历程以及马克思主义哲学从哲学史中所吸取的哲学传统；这里所说的"现实"，指的是我们所处的现实生活世界及其所提出的诸多重大现实问题。①

该书作者以此定义了自己所认可的马克思主义哲学史是什么，即马克思主义哲学内生逻辑及其发展的轨迹，它就是马克思主义哲学史。作者说道：

马克思主义哲学在哲学的理论形态上，呈现为一种研究生活世界及其实践问题的哲学理论，而不是像培根、笛卡儿、康德、黑格尔等近代哲学家那样，仅仅研究概念和知识，呈现为一种知识论的哲学理论。与之相联系，马克思主义哲学史也就是一部提出和解决生活世界及其实践问题的历史，而不是一种概念、知识积累的历史。②

这个观点有一定的新意，人们通常认为的"内史"指的是概念传承流转的历程，而何萍为了与马克思主义特质"实践"接上，对"马克思主义哲学史"进行了一种混合式定义的尝试。该书作者在"作者的话"中提及了过往马克思主义哲学史研究的一些弊端，首先，他们意识到了"马恩列斯……"串行写作方式存在的弊端，他们指出："以马克思、恩格斯和列宁著作的年代顺序为主线，一一解读马克思、恩格斯和列宁的哲学思想。这实际上把马克思主义哲学史变成了经典作家原著的导读史。"其次，"唯物—唯心"对战的视角已不适应时代精神的转换。再次，苏联马克思主义哲学中心主义的牵制。最后，过度"实践"忽视了哲学体系自身的逻辑力量。这些观点一直都有学人论述，该书作者将这些观点综合了一下。

① 何萍：《在历史与现实之间探索马克思主义哲学的发展——何萍教授访谈》，《学术月刊》2003年第5期。
② 何萍：《关于马克思主义哲学史研究的几点思考》，《哲学动态》1999年第7期。

随后该书作者谈到了中国马克思主义哲学史研究的历程,作者历数了一些弊端,力图阐释自己的著述推陈出新的地方,即一种"以西解马"的研究精神。随后,作者给出了自己的创新点:以文化哲学的研究范式取代以往的马克思主义哲学史的研究范式,具体就是:

> 文化哲学的研究范式在哲学史的领域主要有两个特点:一是以问题为中心,研究不同时代哲学发展的特点和独特的形态,并通过哲学形态的变革揭示哲学发展的质变。这是哲学史研究的时间向度。二是以民族文化为背景,研究不同国家、民族哲学传统的形成及其历史演变,并通过这些不同的哲学传统叙述哲学发展的世界化和多元化。这是哲学史研究的空间向度。①

该书作者认为引入这一个范式可以有效地解决不能呈现各个国家、各个民族的马克思主义哲学独特风貌,不能呈现民间学者个性研究成果,不能整体呈现马克思主义哲学气象的积弊。不得不提的是,纵观全书,该书仍然是"马恩列斯……"的以时为纲串行书写方式,并未实现作者自称的气象一新的效果。

与前辈一样,该书也是从马克思生平开始自己的论述的,简要地介绍马克思生平事迹之后,转而进入剖析马克思创立马克思主义哲学的三个时期,这里也与前任无差异,即按照青年马克思、成熟马克思、晚年马克思三大阶段论述。稍微不同的是,该书作者认为此三个时期的思想共同构成了马克思实践唯物主义的内容:

> 马克思早期创立的实践唯物主义原则贯穿在中期和晚期的唯物主义历史观和包括东方社会研究在内的资本主义理论的探讨之中,而唯物主义历史观和资本主义理论又是实践唯物主义原则的丰富和历史的展开,是实践唯物主义不可缺少的内容。因此,马克思的实践

---

① 何萍:《马克思主义哲学史教程》上卷,人民出版社2009年版,第Ⅳ页。

唯物主义是由他的实践唯物主义原则、唯物主义的历史观和资本主义理论构成的有机整体。①

这反映了 21 世纪我国研究马克思主义哲学整体化的一种努力，即想方设法地将"它们"整合成一个"它"，虽然目前看起来还远远没有成功，相关学人们似乎还在为"什么是马克思主义整体性、它有多少种写法"争论不休。修改苏联的写法本身这是一种展现中国自信的努力，原创性是马克思主义哲学史研究的不竭动力。

该书将恩格斯分列出来单独讲，并对其定位为"马克思主义哲学理论的系统阐发及其发展"，即该书认为恩格斯首先是一个阐释者。该书作者认为恩格斯正是在与"马克思哲学的差别点上，发展和丰富了马克思的哲学思想，从而成为马克思主义哲学从马克思走向马克思主义哲学最为关键的一环"②。与马克思主义哲学有无体系的争论一样，马克思与恩格斯的观点是否有差异也会体现出相关作者属于"主流"抑或"非主流"的身份特征来。该书处处表现出与体系论不一致的地方，即似乎游离于"以西解马"与"以苏解马"之间。

该书的第二编把恩格斯之后苏联之前的欧洲几位人们耳熟能详的马克思主义哲学家放了进去专门论述，第三编进入苏联阶段。作者在吸收了前人研究基础上，提出了自己的看法：

要区分俄国的马克思主义哲学和苏联的马克思主义哲学，不能笼统地称苏俄的马克思主义哲学。因为，后者是建立在不区分普列汉诺夫与列宁哲学的基础上的，而这与苏联哲学家本身的规定是不相符的，与苏联马克思主义哲学发展的历史本身也是不相符的。③

这再次体现了该书的一种精细化思维方式，人与人之间区分，国与国之间

---

① 何萍：《马克思主义哲学史教程》上卷，人民出版社 2009 年版，第 43 页。
② 何萍：《马克思主义哲学史教程》上卷，人民出版社 2009 年版，第 131 页。
③ 何萍：《马克思主义哲学史教程》上卷，人民出版社 2009 年版，第 375 页。

区分,学派与学派之间区分。正如作者曾经提及的,要区分哲学史的内外史区别。① 总体来看,该书作者很细心、很讲究学理逻辑清晰。

该书的苏联阶段与前人撰写的《苏联哲学》架构相似,都是从苏联哲学两次大讨论展开的,然后论述了苏联民间学者直至 20 世纪 90 年代一些知名学者的学术成就。该编进入了列宁哲学思想阶段,相比较过往著述,该书没有首先描述列宁和斯大林,而是先说民间学者,这也是 21 世纪中国哲学工作者的一种学术情绪的表达"我们在哪里?"

实事求是地,该书的苏联阶段,对布哈林和斯大林的研究仍然有一些提升空间,似乎并未到达专门研究苏联哲学理论学者的高度。这也是马克思主义哲学史通史的通弊,在马克思主义哲学发展的某个片段上,一般说来不如一生专做此事的作者描述得那么精细。类似的还有前述一些版本的著述。

该书第四编进入 20 世纪欧洲、北美马克思主义哲学思想部分。该书描述了葛兰西、卢卡奇、柯尔施等传统西方马克思主义者的哲学思想,且出人意表地描述了分析马克思主义哲学和生态学马克思主义哲学两个流派的主要人物。应该说是仍然有争议的,马克思主义哲学史可以改变写法,可以"去英雄化",但在认定马克思主义哲学家的事情上仍然需要谨慎,不能为了创新而去"创新"。第五编进入中国马克思主义哲学发展阶段,该书加入了"问题与主义论战"一个内容,以此来凸显该书的问题意识。之后就转入传统路线,介绍公认的几个民间马克思主义学者,最后才转入对毛泽东和邓小平哲学思想的介绍。

总体来看,该书想求新求变,作者试图在一个特殊的时间点上,即在距离我国马克思主义哲学史学会成立 30 周年之际出版一本特别的书。既承前——主流的以时为序的写法,又启后——凸显马克思主义整体性、最新西方马克思主义和西方哲学研究成果,该书应该是达到了这两个目的。

---

① 何萍:《马克思主义哲学的内史与外史的书写》,《马克思主义与现实》2010 年第 3 期。

2010年发表的由姚顺良主编的《马克思主义哲学史:从创立到第二国际》是一部断代史,该书描述了自马克思主义哲学史的"前史"即19世纪初期英国、德国资本主义发展历程和德国古典哲学发展历程到第二国际时期马克思主义哲学的流变历程。总体而言,该书属于史论结合的风格,表现在前四章按照编年体裁编排,到了第五、第六、第七章又插入了对历史唯物主义理论各个方面的阐释,到了第八章直至最后收尾部分又转回到了编年体裁。该书一个引人注目之处是在其前言部分阐发了对我国马克思主义哲学史在1978—2010年间发展历程的一些反思,包括分期、需要解决好的三个问题等内容。分期将我国马克思主义哲学史学科历程分为三个阶段:第一个阶段是从20世纪70年代末80年代初,作者认为该阶段是我国马克思主义哲学史初创时期,并提及了"'实践标准'的大讨论不仅为党的十一届三中全会的召开,为党的思想路线和政治路线的拨乱反正奠定了思想前提和社会基础,也同时催生了'马克思主义哲学史'学科。"①第二个阶段是20世纪80—90年代,作者认为这是该学科取得突破性进展的时期,因为对苏联模式的批判日益深入,这直接影响了我国各条战线。第三个阶段是进入新世纪以来,作者认为这是该学科日趋成熟的时期。关于学科未来发展需要解决的三个问题,作者认为是要重新把马克思主义大众化作为该学科研究的一个基本和最重要的维度、要在促进马克思主义哲学研究科学化的同时坚持其方法论的批判性、要把马克思主义哲学的历史研究同"马克思主义中国化"与中国特色社会主义实践课题的对策研究进一步结合起来。在众多相关书稿里,该书既重视"史"也重视"思"的写法还是较有特色的。对西方马克思学、西方马克思主义的态度,作者旗帜鲜明地表态:

> 随着"马克思主义时代化"马克思主义哲学史学科的国际化,西方"马克思学"的实证主义研究范式已经侵入了我国学界,在许多青

① 姚顺良:《马克思主义哲学史:从创立到第二国际》,北京师范大学出版社2010年版,"前言"第1页。

年学者那里出现了"新 MEGA 崇拜""文献考据学崇拜",甚至经典作家的"原语言崇拜",我们反对这种倾向,认为马克思研究只能坚持马克思本人提出的"历史科学"方法,批判地吸取国际马克思学和新 $MEGA^2$ 的研究成果,在推动马克思主义哲学史学科科学化的同时坚持其历史性的限度和方法论的批判性特质。①

这是 21 世纪以来我国马克思主义哲学史学界聚讼纷纭的一个问题,即如何看待西方马克思学:它立论是否成立? 它的研究成果是否可以借鉴? 如果都回答"否",那么又如何解释我国《马克思恩格斯全集》转译 $MEGA^2$ 的事实呢? 如果回答"是"又会对我国马克思主义哲学研究产生动摇基础式的影响,看来这个问题的争论还将继续下去。

这一期的著述还有《马克思主义哲学史论》(侯才,2005 年)、《马克思主义哲学史简明教程》(秦莹,2005 年)、《中国马克思主义哲学当代史》(王仲士,2006 年)、《马克思主义哲学的传入与研究》(杨河,2006 年)、《中国马克思主义哲学史》(上下卷,刘林元,2007 年)、《马克思主义哲学史教程》(王鹤岩,2007 年)、《当代马克思主义哲学史》(刘怀玉,2010 年)、《新编马克思主义哲学发展史》(安启念,2010 年)、《马克思主义哲学史研究》(梁树发,2016 年)、《马克思主义哲学史研究—2017、2018、2019、2020》(郝立新,2018—2021 年)、《我国马克思主义哲学史研究范式的嬗变》(顾伟伟,2015 年)、《马克思主义哲学史专论》(夏剑豸,2016 年)、《马克思主义哲学史论稿》(施德福,2016 年)、《马克思主义哲学史十讲》(王仕国,2019 年)等。

我国马克思主义哲学史发展至今,相关著述早已汗牛充栋,我们不可能全部进行解读,实际上也无必要。这可以从两个视角来看,其一,从版式的风格看,一个众所周知的事实是,所有社会主义国家的思想政治教育教材必须具有统一的样貌,至少在学术骨架层面是基本一致的。所以只需要解读其中的几

---

① 姚顺良:《马克思主义哲学史:从创立到第二国际》,北京师范大学出版社 2010 年版,"前言"第 3 页。

种即可了解该学科著述的大略。既然目的都是以灌输教化主流意识形态和固化主流史观为最高宗旨,所以我国马克思主义哲学史基本上都表现为教科书的形制,极少有例外。其二,从编者的学术血脉来看,编者大多源出一门,大多是同一个老师的弟子门生,学术思想也较为相似。

总体而言,可以从三个层面在总体上把握我国马克思主义哲学史发展的轨迹:首先,马克思主义哲学史发展的历史是一部"问题"史,先是发现问题:马克思主义哲学来源于哪里? 然后是解决问题:回到马克思,重新解读马克思本人的著述,而不是从别的地方去发现马克思主义哲学。其次,我国马克思主义哲学史发展历程是一部中国哲学界自我意识从弱到强渐次"层累"起来的一部以教程形制为主的历史。最后,从解读方式的角度,学术模型的建构过程是由"以苏解马"进至"以马解马"最后到"以时解马"的一部演变史。

第四节　演进逻辑

从实践的层面看,中国马克思主义哲学史最大的演变逻辑就是中国特色社会主义的实践;从理论层面来看,追问过去、回到马克思、马克思主义中国化,此三者就是支撑着中国马克思主义哲学史研究发展至今的主要演进逻辑,它们是构成学术体系平面的三个点:其中"追问过去"居于平面的顶端,它作为一种渗透性因素贯穿在"回到马克思"和"马克思主义中国化"具体发展之中,"回到马克思"要对马克思主义哲学史追根溯源,它代表该领域的过去;"马克思主义中国化"探讨马克思主义哲学史的当下,它代表着该领域的现在和未来。我们主要从理论层面探究中国马克思主义哲学史的演变逻辑。

"追问过去"是一种探寻"物(事)之后"是什么、为什么的精神,它既是一种责任,也是一种幸福,伴随着20世纪70年代末一股自上而下喷薄而出的解放思想浪潮它被赋予了马克思主义理论界。有了追问精神的学人们以动态的眼光看待马克思主义哲学发展历程,动态看待自己的过去、现在和未来,由此就搭建起了马克思主义哲学史学科一个完整的学术骨架。此三条演进逻辑都已固化为学科从业者的思维方式,已广泛体现在诸家的马克思主义哲学史著述的书写方式中。

一、追问过去的勇气

我国马克思主义哲学史初起时期的学者们有幸活在一个主体意识觉醒的时代,伴随着 20 世纪 70 年代末振奋全国人民心血的一股自上而下的解放思想浪潮,马克思主义哲学界也鼓起了勇气去追问本学科的"前世今生"。这是一种追问"物(事)之后"有什么、为什么的精神,一种追问"在者由何根据而来? 在者处于何根据之上? 在者照何根据行事?"①的理论勇气。风起之时代这种伤痕反思式的追问可以区分为两个层次:其一,"我们是谁";其二,"马克思主义哲学研究存在顶峰吗"。对这两个问题的一次次追问最终勾勒出了一幅动态思考马克思主义哲学发展历程的画卷。

追问精神长久的迷失马克思主义哲学"科(学)"与"哲(学)"之争中、迷失在"一个真理、一个阶级、一个政党、一种理论"的传统理论困局中,即最终真理只能有一种固定提法,且其不允许学者们继续追问下去。该思维方式部分来自于人们对马克思主义理论的传统看法,在旧提法中所谓唯物史观②统一性系统是一个由诸多个不必继续追问的"一"构成的调和对立或不协调的世间万物及其理论抽象的规律、概念的集合。统一性系统诸部分之间的联系可以这样描述:"物质"这个"一"是万事万物的根据,"无产阶级"这个"一"是社会革命的根据,只有他们能通过"社会革命"这个现实的"一",推动人类社

① [德]海德格尔:《形而上学导论》,熊伟、王庆节译,商务印书馆 2005 年版,第 4—5 页。
② 唯物史观是一门主要建立在"分解为自然科学的自觉按计划的和为取得预期有用效果而系统分类"(《资本论》第 1 卷,人民出版社 2004 年版,第 559 页)的资本主义生产过程基础之上的"描述人们实践活动和实际发展过程的真正的实证科学"(《马克思恩格斯选集》第 1 卷,人民出版社 1995 年版,第 73 页),其追求一种可以用"自然科学的精确性"(《马克思恩格斯选集》第 2 卷,人民出版社 1995 年版,第 33 页)指明的变革。

会一步一步走向发展的终点站的那个"一":共产主义社会。整个旧系统就是由这些既自成体系、又互为条件的"一"所组成,这些精练的概念群为社会主义革命指明了方向并提供了快速传播的工具,同时又满足了现实生活在思想和行动集体性方面提出的需求①。

对以上诸多"一"的追求是与现实相对应的,还是如熊彼特所说仅仅是一个理论上的聚焦?它们可能来源于对现实的正确提炼,也可能来源于19世纪中叶欧洲社会革命的需要,也可能来源于斯大林时期苏联马克思主义理论创新与苏联政治实践之间互动的影响。②

首先,社会主义国家现实生活的理论抽象。统一性系统中诸多的"一"实际上隐含着一个意思:一个原因对应一个结果,且只能有一个。"客观物质世界——物质有固定属性——物性有确定表现",一种性质在一定条件下只有一种表现形态,物质不能有"自由意志"和"本质上的偶然性"③。生活丰富多彩,但正确的价值观只有一个,异质性概念迟早会趋向于同一。

"一"肯定是个抽象,史学家们必须从诸多动力中追溯到历史的动因④,也就是找到一个不能继续追问的"一"。诸多"一"的得来,有现实的和理论的两个根源。现实中,与19世纪欧洲社会革命息息相关,随着历史的演进以及无产阶级斗争的日益明显,无产阶级的理论家就不需要"在自己头脑里找寻科学了;他们只要注意眼前发生的事情,并且把这些事情表达出来就行了"⑤。理论上,人类社会是物质的,所以必须遵循与自然界一样的规律,而哲学家只需将它总结出来即可,这种规律只有一个,所以无论谁总结,它都必须是同一个样子。

---

① 黎学军:《马克思主义世界观的起源与内涵》,《马克思主义与现实》2016年第5期。
② [英]戴维·麦克莱伦:《马克思以后的马克思主义》,李智译,中国人民大学出版社2008年版,第141页。
③ 维之:《因果关系研究》,长征出版社2002年版,第367页。
④ 《马克思恩格斯选集》第4卷,人民出版社1995年版,第248页。
⑤ 《马克思恩格斯选集》第1卷,人民出版社1995年版,第155页。

其次,社会革命与社会主义建设的需要。恩格斯明确认为社会政治史是所有专门史学中最重要的一个(没有之一)——从古至今,人类社会的一切都必须围绕政治事务旋转,人类社会一切事务都要围绕着社会革命的早日爆发展开。他指出:"在一切历史变动中,最重要的、决定全部历史的又是政治变动。"①又如:"社会革命才是真正的革命,政治的和哲学的革命必定通向社会革命。"②由此他合理地推导出人类社会一切政治斗争都必然是阶级斗争,所以人们紧接着要围绕阶级理念旋转,而一切阶级斗争"归根到底都是围绕着经济解放进行的"③,所以人类社会政治事务归根结底还是为了经济的生产及其成果的分配方式。马克思逝世之后,恩格斯的理论阐述中旗帜鲜明地突出了社会革命的极端重要性和紧迫性,他希望社会革命快一点发生的心情在其后期著述中表露无遗。

社会革命胜利之后,由马克思主义理论统一性系统所体现出来的集体性必须得到物质性的延续——来自工厂集体生产的统一性系统必须反过来维护产生它的阶级。社会革命推翻了现在以自己的权威支配财富的生产和流通的资本家,当土地和劳动工具都成了那些使用它们的工人的集体财产之后,集体性将改变自身形式继续存在。万物归于"物质",信奉唯物史观的无产阶级政党掌握着"物质"—工厂,而现代工业的协作"有一种使各个分散的活动越来越为人们的联合活动所代替的趋势"④,社会革命成功之后,统一性在工厂中找到了自身的物质载体——工人。苏联布尔什维克党内部普遍认为大机器工业必然产生集体主义心理,布哈林就认为,无产阶级由于"被关闭在大城市的石头狱中,集中在共同劳动和共同斗争的场所,无产阶级养成了集体主义的心

---

① 《马克思恩格斯选集》第 3 卷,人民出版社 1995 年版,第 334 页。
② 《马克思恩格斯选集》第 1 卷,人民出版社 1995 年版,第 17 页。
③ 《马克思恩格斯选集》第 4 卷,人民出版社 1995 年版,第 251 页。
④ 《马克思恩格斯选集》第 3 卷,人民出版社 1995 年版,第 224 页。

理,深感社会联系必要的心理,"①既然是集体主义,统一性得到国家层面的高度强调就是情理之中的了。

人类社会发展历程中的现实矛盾在理论上都可以归因为主要只有一个原因起到了决定性的作用,这个归根结底式元素的主要原因在马克思主义理论发展历程中逐渐被提升到一个寄托了后人太多实际念想的高度,原来依附于根本原因之上的枝枝蔓蔓被尽数裁剪掉了,人们只能看到唯一的原因,精练的"一"便于理论聚焦、便于将马克思主义理论的基本思想快速灌输进工人阶级的脑海中、便于增强对社会革命与社会主义建设的助益作用。但其形式上的弊端也是较明显的,人类社会发展的原因是纷繁复杂的,对"一"的过度强调无疑遮蔽了人类社会多彩的天空。

改革开放初期马克思主义学界的伤痕反思式的追问可以区分为两个层次:其一,"我们是谁";其二,"马克思主义哲学研究存在顶峰吗"。

首先,对"我们是谁"的追问。对自身学术身份及其谱系的辨识在当时的主流观点是我们主流理论的"老祖宗"是"马恩列斯",然后"一下子"就蹦到了我们第一代领袖这里成就了马克思主义理论的顶峰,我们的马克思主义哲学已不需要再追问更多的东西,我们就是仅需要弘扬该理论体系的学人而已。凝固的历史时空动起来之后,人们得到了一股自上而下传递来的勇气,人们想知道的传统说法当中的那个所谓"一下子"迸发的理论高峰其过程是怎样的,进而继续追问到"马恩列斯"本人是怎样在革命实践中习得和丰富马克思主义理论的。简言之,人们尝试着以动态的方式去看待马克思主义理论及其实践了。事实上,20世纪50年代中期我们就曾经有机会习得这种动态眼光,这归功于苏联人当时由于自身执政时代转换需要转换时代精神。在20世纪50年代早期,苏联开始陆续派遣专家到中国人民大学、中央党校、北京大学等机

---

① [苏]布哈林:《食利者政治经济学》,载《布哈林文选》下册,国际共运史研究室编,人民出版社1983年版,第16页。

构任教,从建制和学制两个方面帮助新中国建设马克思主义学科体系与培养马克思主义理论人才。彼时的苏联专家所秉承的主要是一种静态的观点,即只讲论不讲史,即使讲史也是只讲西方哲学史当中的阶级斗争问题,涉及列宁和斯大林思想时一般以论代史,仿佛伟人的观点是瞬间形成的。1953 年斯大林逝世之后,当苏联人需要为新执政世代的理论寻找合法性根据的时候,苏联人也曾经试图以动态眼光看待列宁和斯大林的理论,他们无意中将这种学术视角传递到了我们这里。但当时我们也需要树立自己的理论"顶峰",有意无意间忽略了这种动态观点。错过了这一次外来的机会之后,我们理论界彻底地受困于马克思主义理论顶峰是"一下子"聚焦于某一点的理论密室中,直到 20 世纪 70 年代末都秉承着这种观点。这样的理论困局套用阿尔都塞的话说就是"哲学的末日"①,彼时的马克思主义哲学仅仅剩下为现实实践寻找注释的功能了,甚至为了给现实注释而扭曲自身的案例都出现过。一直到 1978 年以前,我国都没有正式出版过一本系统地叙述马克思主义哲学发展历程的通史。中国大地到处都充斥着断章取义的"语录",自上而下地长时间地以语录式的方式教化大众,久而久之就形成了一种惯性强烈的思维方式,强调以发展的眼光看待世界的我们,更多的时候仅仅是把"发展"作为一种政治话语在反复强调但从不施用于自己身上。

其次,关于"理论顶峰"的追问。形成彼时这种思维方式的原因主要有两种,第一种原因是苏联人在建立马克思主义哲学基本原理框架过程中,为快速完成搭建马克思主义哲学教科书的任务舍弃了马克思学说中的很多东西,比如马克思早期的人道主义思想、马克思叩问历史的精神、马克思的批判精神等,只保留了其成熟时期的唯物史观并提炼出其筋骨,这还是基于恩格斯总结之后得到的二手资料②之上得到的第三手框架。然后苏联人按照自己的理解构建了绵延至今的马克思主义哲学体系框架,迄今该体系仍然是我国大学本

---

① [法]阿尔都塞:《保卫马克思》,顾良译,商务印书馆 2006 年版,第 10—11 页。

② 一般认为,主要体现在《反杜林论·哲学篇》中。

科统编教材《马克思主义基本原理概论》当中马克思主义哲学部分的主体部分。在此进程中，苏联哲学家们从"物质决定意识"的视角出发，特别地突出了与"客观性、必然性、可知性"相关的马克思主义哲学部分，即突出描述人类历史"铁的必然性"并适配以对应的马克思主义基本原理，并以此作为替新兴社会主义政权寻找执政合法性的出发点和归宿点。这样做的结果是苏联哲学界将恩格斯对马克思学说的理解简单化了，苏联将这种不追究理论根源的思维方式代代传递了下去。第二种原因是建立权威主义的思考。由于受斯大林主义的影响，长期以来，苏联哲学界一直把斯大林的《论辩证唯物主义和历史唯物主义》作为马克思主义哲学发展的顶峰来对待，并因此忽视乃至压制对马克思主义哲学本身的形成和发展的历史研究。之后的苏联人领导人仅仅批评斯大林具体政策但不批评这种思维方式，我们也是如此，其中原因很轻易就能想得到。苏联人的影响加上我们自身"政治血液"中的类似基因，近人萧公权所说：

> 始皇并吞六国，封建之天下一变而为郡县，创二千年专制一统之政体。社会之环境既殊，则先秦百家竞起，各创新学之盛况，自亦难于继续维持。①

中国马克思主义哲学界也长时间地重复着类似的事情，如中山大学与中国人民大学合编的《马克思主义哲学史稿》所说："对马克思主义理论只讲迷信，不讲研究，这种反科学的、有害的态度，极大地限制了马克思主义哲学史科学的建设。在我国，曾经有一个相当长的时期，这种现象甚为突出。……他们把革命领袖宣扬为神，鼓吹马克思主义到达了'顶峰'，只能够迷信、盲从，不需要研究、发展，完全取消了马克思主义作为科学的存在。"②伴随着改革开放进程的追问理论"顶峰"而来的勇气使得人们敢于提出了一些新的看法和观点。

---

① 萧公权：《中国政治思想史》上册，商务印书馆 2011 年版，第 12 页。
② 中山大学哲学系、中国人民大学哲学系：《马克思主义哲学史稿》，人民出版社 1981 年版，第 9 页。

多样性在现实生活中异彩纷呈,人们对统一性的质疑声主要集中于一点:它消灭了多样性,并试图将自然与人类政治生活紧密捆绑在一起,事实上否认了个人在历史上的作用。① 改革开放之初,凝滞不动的理论困局被拉动了,破局的勇气自上而下地传递到了理论界每一个领域每一个人。首先被打破的是关于经典作家不会犯错误的传统思维,当经典作家对同一个题目的写作的手稿通常不止一本的事实被披露之后,人们逐渐也明白了经典作家写作的时候也是像我们一样需要反复斟酌才能成文的。既然领袖的文本可以去追问其根源,那么人们更有理由去追问我国马克思主义哲学学科是怎样形成的、是否只有唯一的一种解释、是否不需要经过发展即是如此的、是否到达了某一个顶峰之后就不会再发展了的,等等问题。1978 年之后,应时而动的我国马克思主义哲学界的同人们经过数次集体研讨,在桂林会议中人们最终形成了这样一种共识:"为了能够完整、准确地理解马克思主义哲学观点,为了能够对其中某个观点作出合乎实际的、真正科学的分析,为了在马克思主义研究中反对公式化、教义化、简单化的倾向,就必须特别强调把马克思主义哲学发展史当作一部认识史来研究,恢复它们的本来面貌"。② 与其说人们想构建一部全新的学科,毋宁说他们更想知道马克思主义从哪里来而已,以思想解放为契机开启我国马克思主义哲学史构建的历史帷幕由此而拉开了。20 世纪 80 年代马克思主义哲学史和学科发展也获得了一个大爆发的发展时期,论著数百本(篇)、学科点开始招博、硕研究生,公认的集大成者黄枬森八卷本即诞生于这个时期。黄枬森、庄福龄、马绍孟、高齐云、叶汝贤、何梓焜等人的名字及其对学科的贡献已是学科史的一部分了。

---

① ［美］特雷尔·卡弗:《马克思与恩格斯:学术思想关系》,姜海波等译,中国人民大学出版社 2008 年版,第 70 页。

② 全国马克思主义哲学史研究会编:《马克思主义哲学史论文集》,三联书店 1982 年版,第 5 页。

二、"回到马克思"的反思

"追问过去"所触及到的马克思主义哲学过去的部分，在学科研究当中即是"回到马克思"的范畴。"回到马克思"的想法在学科初起的时候就已有了，该提法的正式提出在20世纪末，放到马克思主义哲学史建设语境中它既有重读马克思恩格斯文本、将史论建立在坚实的不失真文本基础之上的意思，也隐含了一种说服我们自己为何要"法先圣"①的理由。如张一兵所指出的：

> 对"回到马克思"的拒绝潜藏了一种理论无根性的恐慌。由于过去我国的马列经典文献的翻译基本依赖前苏东马列编译局的前期工作，中国读者并没有经过自己对第一手文献所进行的认真深入的解读，形成我们自己独立的、符合原创性的见解，并在此基础上与马克思达到的历史语境相交融。这种情况的出现，排除政治意识形态的原因，更主要的是源于方法论前提上的错误预设，即马克思是可以现成地"居有"的，似乎只要翻译一套全集，打开一部文本，马克思的思想便毫无遮蔽地在一个平面上全盘展开，剩下的只是根据我们现实的需要，任意地对其中的片段进行同质性（从第一卷的第一页，到最后一卷的最后一页）的抽取，拿它"联系实际"，拿它来与当代对话，拿它作为"发展"的前提。马克思学说的历史性生成在这里荡然无存。人们甚至根本意识不到前苏东传统教科书解释框架对马克思文本先在的结构性编码作用。其实，所谓"回到马克思"不过是对此进行祛魅的一种策略罢了。②

从诠释学的角度看，每一个研究者心中都有一个"马克思"，而谁理解得更深刻一些当然也是有量化的指标的，即谁最先、最深刻地看到了马克思著述的全本。所谓的"回到"是一个过程，因为 MAGE^2 编撰是一个过程、建立在全

---

① 《史记·郦生陆贾列传第三十七》。
② 张一兵：《"回到马克思"的原初理论语境》，《中国社会科学》2001年第3期。

新时代精神之上的对马克思学说的诠释也在发展变化中。从学科建设的视角看,"回到马克思"应用到学科当中至少有回到马克思文本、回到苏联马克思主义哲学两层内涵。

首先,关于回到马克思文本的编译问题。马克思著述中文第一版当中的文本失真吗? 甚至还会有伪作混进其中吗? 西方哲学家也已意识到了这样的情况:

> 马克思恩格斯著作新的历史考证版——《马克思恩格斯全集》历史考证版第二版(MEGA²),为人们在一个坚实的文献学的基础上去彻底重新思考马克思思想的整体性提供了可能。例如,关于《资本论》的出版过程。我们当然知道是恩格斯在他的朋友马克思逝世之后编辑出版了《资本论》第二卷和第三卷。但在新的历史考证版之前,是没有可能去核对编辑者在编辑我们最终看到的这后二卷过程中的介入程度是否贴切,从手稿到公开出版的这几卷是否都如实地反映了马克思的意图。今天,随着马克思所有著作手稿的出版和恩格斯部分编辑手稿的出版,以及一些著作的不同版本的出版,我们就有可能去深入分析研究这些问题。在当代相关问题的争论中,一个比较一致的看法(尤其是在德国),即过去阅读马克思在很大程度上是通过恩格斯的眼睛,而现在则有可能根据马克思来阅读马克思。[1]

是否有伪作、恩格斯的转述可靠吗? 有了追问精神之后的马克思主义哲学史诸家也小心翼翼地提出了这样的问题,事实上人们的质疑的确不无道理的。众所周知,马克思恩格斯全集中文第一版主要根据俄文转译,这至少会有两个问题,首先,两种文字转译带来的意义损失[2];其次,是我们可能"面对"的

---

[1]　[意]理查德·贝洛菲尔、罗伯特·芬奇:《重读马克思——历史考证版之后的新视野》,徐素华译,东方出版社2010年版,第1页。

[2]　由其他语种转译当然也存在此问题,人们能做到的只能是尽量减少跨语种带来的意义损失。

不是马克思,更有可能是对俄国人理解的理解,例如全集中有争议的伪作、又如俄国人独自对《德意志意识形态》作出的段落编排是否合理,等等。新中国成立之初的人们并没有立即意识到这样的状况:

> 梁赞诺夫曾参与1910年奥地利马克思主义者所提出的"维也纳编辑计划",创立研究院后,将出版俄文版著作集作为当前课题。但在准备过程中,他们面对浩如烟海的新资料,决定在出版俄文版著作集的同时,出版原文的"历史性、批判性"全集 MEGA[1](1927—1935)。①

彼时的人们没有太多的理论空间去批判性地对待俄文版《马克思恩格斯全集》及其中文转译本,只能被动地全盘接受了其所有的东西。关于编译过程中意义损失的问题,即使是目前中央编译局采取的主要从 MAGE[2]转译的方式同样无法完全避免文本失真的问题,这个问题将一直存在下去。此外中国马克思主义学界在 MAGE[2]编撰过程中参与度不高,截止到 2018 年中央编译局目前只有一人出任 MEGA[2]的编委、国内学界能胜任马克思字迹辨认工作的学者非常少,能胜任《德意志意识形态》段落编排工作的学者(相当于韩国学者郑文吉水平的)更是少之又少,客观上我们仍然是被动地接受别人的东西,虽然相比较第一版我们是清醒地被动接受,但也还是被动的。只有把第一手资料都弄清楚了,我们才可以说我们的马克思主义哲学史是建立在完整的马克思文本基础之上的,不再是以论代史的。在此意义上,我们的马克思主义哲学史研究总体上仍然处在收集资料的阶段。关于我们的理解基于苏联人理解基础之上的问题,合理性与不合理性都有。合理方面,在人类文明传承链条中,每一个史学家既是"观众"又是"讲解员",即所谓"前日视为撰述者,正为今日之记注,后日视为记注者,亦即今日之撰述"②,当代中国马克思主义哲学史家根据前人所留的史料并加入国家的、时代的价值判断之后以新史的面貌

---

① [韩]郑文吉:《尼伯龙德宝藏》,赵莉译,南京大学出版社 2012 年版,第 476 页。
② 金毓黻:《中国史学史》,河北教育出版社 2003 年版,第 265 页。

再传之后世,我们即使不从苏联人那里学习马克思主义哲学史知识,也必须从别的国家学者那里学习。不合理方面,起步稍早于我们的苏联马克思主义哲学史著述量本来就不多,且政治烙印明显,掌握翔实史料的史家也不太多,诸史家也只能以论代史,这可能导致了苏联马克思主义哲学史著述的可能的主观随意性。

其次,关于"回到马克思"当中隐含着学习马克思文本先于弘扬时代精神的意味。马克思主义哲学史的初始源头在马克思那里,了解马克思的样子就是了解马克思主义哲学史最初的样子。马克思文本被时代精神所注释当然是马克思主义研究的题中之义,但也必须做到忠实原文、忠实原文所处时代环境。所谓半部《论语》治天下,先贤在基于新时代精神诠释孔子学说的时候,也总是先引经据典地论述孔子的原话,孔子何时何地说过什么话做何解早已烂熟于各时代学人之胸,然后才有符合论者所处时代最新精神的治世宏论。

最后,"回到苏联"也应该是一种务实的学术精神,特别是对当下中国马克思主义哲学史学界而言,苏联哲学有益的养料仍然可以滋养我国马克思主义哲学史体系。我们不能一面用着苏联传来的马克思主义基本原理框架一面说苏联哲学家什么都不对,我们必须清楚地意识到,学科的研究传承自苏联东欧马克思主义哲学史界、创新也是基于批判苏联人的基础之上不断得来的。早在1956年,应中方师生的要求,在北京大学哲学系任教的苏联专家沙坡什尼可夫依照苏联当时正在编撰、出版的多卷本《哲学史》讲授了世界哲学史,其中在讲到该系列第五部时他大概描述了从马克思到斯大林阶段马克思主义哲学理论发展的过程,其中已涉及马克思主义哲学的形成和发展问题,这样的对马克思主义哲学动态式的描述在我国当属首次。回首这段往事,我们必须看到,尽管当时的苏联马克思主义理论专家并没有直接帮助我国建立马克思主义哲学史体系,但他们却事实上地为该学科的中国化做出了奠基式的贡献,正是在他们的启蒙之下我国第一批具有坚定的政治信仰和扎实的马克思主义理论基础、熟悉马克思主义哲学发展史上的经典文本、对苏联的理论动向比较了解和敏感的青年哲学工作者涌现了出来,而后来正是从这批青年哲学工作者中的一批人成为我国第一批从事马克思主义哲学史研究的专家,我们所熟知的一些学人都直接或间接地受苏联的影响,这一点中国学人从未试图否认过,反倒经常乐于提及此事。从 20 世纪 50 年代末到"文革"前,我国翻译出版了一批苏联东欧理论界有关马克思思主义哲学史研究的重要论著,它们充分体现了苏联东欧理论界马克思主义哲学史研究的基本框架和最高水平,对我国第一代马克思主义哲学史家们的学科观念、研究方法和基本观点的形成产生了固化思维方式的影响。苏联的马克思主义哲学史研究模式正是在这个意义上提供了我国马克思主义哲学史研究初始养料①。

与 20 世纪 50 年代末因中苏两国交恶从而迫使我国各条战线都走上自力更生之路不同,我国马克思主义哲学史学科当下的"回到马克思"是纳入了中国自信历史洪流之中的一种主动行为。

三、马克思主义中国化的指导

"追问过去"不是仅仅为了回首往事,它也要高度关注自身的现在和未来,此即是学科研究当中的"马克思主义中国化"范畴。马克思主义哲学史从诞生起就肩负着为中国特色社会主义建设服务这个神圣的使命,或者说它本身就是这个历史洪流当中的一滴彩色水珠。一般认为,"马克思主义理论中国化"的内涵就是:

> 共产党员是国际主义的马克思主义者,但马克思主义必须通过民族形式才能实现。没有抽象的马克思主义,只有具体的马克思主义。所谓具体的马克思主义,就是通过民族形式的马克思主义,就是把马克思主义应用到中国具体环境的具体斗争中去,而不是抽象地应用它。成为伟大中华民族之一部分而与这个民族血肉相连的共产

① 黎学军:《中国马克思主义哲学史研究的演进逻辑》,《社会科学辑刊》2016 年第 3 期。

党员,离开中国特点来谈马克思主义,只是抽象的空洞的马克思主义。因此,马克思主义的中国化,使之在其每一表现中带着中国的特性,即是说,按照中国的特点去应用它,成为全党亟待了解并亟须解决的问题。①

归根结底就是要将马克思理论与最新时代精神结合起来,为最新社会实践寻找到合乎逻辑的解释,这样做的目的有两个:一是彰显中国自信,寻找自身在马克思主义理论研究的位置。正如习近平总书记所指出的:"哲学社会科学的特色、风格、气派,是发展到一定阶段的产物,是成熟的标志,是实力的象征,也是自信的体现。"②二是服务中国特色社会主义建设,为自己的实践寻找合法性理由。因为史家用他们衬托的背景条件变化了,所以对某个历史事件的特定观点或看法失去了某些相关性。③ 反映在马克思主义哲学史研究当中,就是研究我国马克思主义哲学界如何为时代精神寻找理论依据的过程。这既是马克思主义哲学研究的现实动力,同样也是马克思主义哲学史研究的现实动力。

强调现实实践的原则在马克思主义哲学史学界是特别突出的一个特质,马克思主义诸学科的硕博研究生在开题或答辩的时候通常都会被问到与现实有什么联系的问题,否则很难通过。这反映了马克思主义学科建设中一种代代传承的思维方式,就是马克思主义学科建设必须紧密结合国家最新社会建设和国家最新时代精神。事实上,我国马克思主义哲学史著述第一个本子的编撰群体已非常自觉地把自己的研究和学习与我国社会主义建设事业联系起来,因此往往会自觉地关注那些能够与中国特色社会主义建设中的实践问题联系起来的哲学问题,并将这些问题指认为研究的热点或争论的焦点。具体表现

---

① 《中共中央文件选集》第 11 册,中共中央党校出版社 1991 年版,第 658—659 页。
② 《习近平谈治国理政》第二卷,外文出版社 2017 年版,第 338 页。
③ 陈恒、耿相新:《新史学第一辑·古典传统与价值创造》,大象出版社 2003 年版,第239 页。

在马克思主义哲学史年会的讨论议题上,自从邓小平理论被正式命名之后的马克思主义哲学史学会年会都是以马克思主义中国化最新成果作为主要议题之一,比如2015年马克思主义哲学史学会年会主题之一的"当代全球、中国'重大现实问题'的哲学思考"、2014年主题之一"中国特色社会主义理论体系哲学基础的新视域和新认识"、2013年主题之一"中国特色社会主义道路自信、理论自信、制度自信"等,还有2023年以及随后的很多年,都肯定是如此的。

马克思主义哲学史中国化也有自身的理论需求,首先,建立学科建设的独立自主的知识产权。自1938年提出马克思主义中国化号召至今,马克思主义理论中国化的建设仍然有很大的提升空间,比如建设属于我们自己的马克思主义基本原理框架,尤其是马克思主义哲学和马克思主义政治经济学这两门学科。即使是马克思主义哲学史的论述框架,我们也很难说是专属我们自己的,看看苏联人和东欧人的马克思主义哲学史就知道此言非虚。如前述,中国马克思主义哲学史学科建设同样源自于对苏联东欧马克思主义哲学史的学习和借鉴,一是体现在他们先我们后,二是体现在他们所奠定的"马恩列斯……"的串行书写范式迄今仍然是主流范式,可能更重要的是思维方式的传承。这些因素不利于确立我国马克思主义哲学史建设的新面貌,需要我们在建设中国特色哲学社会科学的大潮中逐步修正。

其次,是马克思主义哲学史研究的题中之义。政治性本身就是马克思主义理论研究的一个显著特点,其中的每一门分支学科也都分有着该特点。人们常说的学术意义上的政治性,首先意味着唯物主义的、其次意味着无产阶级的、再次意味着与代表先进阶级的政党在思想和行动上保持高度一致的,我们常说的坚持马克思主义政治性,就是指坚持这三者[1]。描绘正在徐徐展开的中国式现代化建设蓝图毫无疑义地是马克思主义哲学史建设最根本和最现实

----

[1] 黎学军:《苏联哲学政治化研究》,中国文史出版社2012年版,第15页。

的推动力,其提供给了马克思主义哲学史最现实的物质建设养料,正如习近平总书记所指出的:

> 置身这一历史巨变之中的中国人更有资格、更有能力揭示这其中所蕴含的历史经验和发展规律,为发展马克思主义作出中国的原创性贡献。要有这样的理论自觉,更要有这样的理论自信。要立足我国实际,以我们正在做的事情为中心,聆听人民心声,回应现实需要,深入总结中国特色社会主义实践,更好实现马克思主义基本原理同当代中国具体实际相结合。①

马克思主义哲学史每向前一步,需要现实力量的支持,其又能反过来对现实作出合乎逻辑的解释,二者是契合的,比如在马克思主义哲学史中寻找能支撑当下社会主义建设的理论或观点,马克思主义哲学史在为现实寻找理论根据的同时,自身的学术根基也得到了夯实和扩大,进而不断开创出一些崭新的研究领域。

当然,强烈的政治使命感是马克思主义哲学史在其形成和发展过程中逐渐确立的一种传统,这在使该体系研究获得明确的现实感及研究推动力的同时,也使得该体系研究与政治意识形态的关系过于紧密,在一定程度上可能模糊了现实与学术的界限,从而可能影响到了该体系自身的学术定位及其学术生态。所有社会主义国家马克思主义哲学界普遍受困于"问"与"不问"政治的困惑中,目前该学科著述主要冠之以"教程"之名,这可能过度彰显其现实性,"学术"与"资治"的比例明显失调。马克思主义哲学史著述在发挥经世作用的同时,首先是史家然后是意识形态家身份的学人们是否认真考虑过一个"度"的问题——即如何保持学科著述的经世与学术德性之间平衡的问题。由于某种历史集体记忆,人们小心翼翼地行走在难以量化的是非标准之间,久而久之可能就因为疲惫而放弃了这种可贵的品质。实际上,马克思主义哲学

---

① 《习近平谈治国理政》第二卷,外文出版社2017年版,第66页。

为政治服务,并不是要求哲学在政治面前唯唯诺诺,而是要其积极地为无产阶级政党政策的制订提出具有创新精神的建言献策,并发挥哲学对政治的纠偏作用从而对政治改革的战略施加影响。在今天,如果作为一个马克思主义者只意味着"表明一种政治身份的话",那么"马克思主义的事业就应该完全终结了"①。如果人们要以坦诚的做法来取得大众的信任,人们自然要亲自指出自身的不足之处。只有在人们指出哪些事情是正确的,并驳倒了反马克思主义者攻击实际上是正确事物的论据之后,真理才不会受到进一步的遮蔽②。

以上三条逻辑中起决定性作用的是"追问过去",即它作为一种渗透性的元素融合到了"回到马克思"、"马克思主义中国化"之中,而后二者是"追问过去"元素的具体显现,该体系就是由这样一群坚持"双百"、"二为"方针的学人及其研究马克思主义哲学的过去、现在和未来的著述所构成的。

"回到马克思"未来应突出以下三点:首先,培养自己的、具有一定数量的能够参与到 MEGA^2 文本编译专家,原始资料的返真总是会引领学科新的研究热点。作为社会主义大国,我们理应参与最权威版本马克思理论的编撰,但目前这方面的工作实在太少了。此外,想尽一切办法搜集马克思手稿,目前我们只有中央编译局存有几份马克思手稿真迹。其次,培养该学科博士硕士生读原著的功底。第一代中国马克思主义哲学史家囿于时代条件,他们全部的努力都围绕马克思原著,这成就了他们极为精深的原著功力,比如黄枬森、孙伯鍨、陈先达等人。而当下由于教育方向和目标的不同可能疏忽了读原著能力的培养。再次,重视苏联人的马克思主义哲学史理论,重新编译出版相关著述。目前仅有少量学者专门做此事,主要有中山大学李尚德、中国人民大学安启念等人及其门生,力量稍显薄弱。值得一提的是,《斯大林全集》最新俄文版在我国并没有获得重新编译出版的机会,事实上我们手头的中文版《斯大

① [加]Robert Ware、Kai Nielsen:《分析马克思主义新论》,鲁克俭、王来金、杨洁等译,中国人民大学出版社 2002 年版,第 33—34 页。
② 黎学军:《苏联哲学政治化研究》,中国文史出版社 2012 年版,第 160 页。

林全集》并不全,俄罗斯共产党迄今仍在完善其俄文版,人们似乎已没有多大兴趣做此事了。最后,注重学科史的研究,提炼学科发展 40 余年以来发展的内在逻辑以及学科发展中都有什么重要著述家及其作品、改革开放对学科发展有什么样的影响,等等。

马克思主义理论中国化是支持马克思主义哲学史学科发展的最现实、最物质的逻辑,未来也必然是如此的。对此人们要关注两个事情,首先,时代精神改变之后,该学科的研究必须建立在最新时代精神之上,人们需要思考一些最新的提法并作出合乎学科逻辑的描述,比如,思考"前后两个三十年不能相互否定"的论点并给出最新的答案,探讨习近平新时代中国特色社会主义思想对马克思主义哲学的最新贡献,等等。高度关怀现实本来就是属于马克思主义哲学的任务,马克思主义哲学史是对马克思主义哲学发展的纪录,但当下马克思主义哲学史也直接关怀现实了,史与论呈现高度的结合。这样的结合是否有边界、马克思主义哲学史是否应冷静地看待社会实践发展之后再对相关理论作出评论,这样的思考毫无疑问是有益该体系发展的。其次,马克思主义哲学史书写范式的中国化。苏联东欧人传承下来的以时为纲的书写范式迄今仍然是主流范式,如何构建以问题为中心的书写范式,尚需学界探讨和努力。

第五节　马克思主义哲学史著述的史学特征及其影响因素

我国马克思主义哲学史演进逻辑指的是学科作为一个整体在发展历程中从自身学理深处和外界环境所获得的种种的力量,而马克思主义哲学史的史学特征则是指该体系诸多著述在史学层面上的一些共性。

马克思主义哲学史著述记载着马克思主义哲学诸概念、范畴历史演进轨迹及马克思主义哲学家思想发展历程,它是"史籍"也非"史籍",其兼具史学著述与思想政治教育教材两种身份,其中尤其以思想政治教育教材身份为最突出特征,它所呈现出的史学特征与其基本主流意识形态背景和不同时代精神紧密结合在一起。借助对马克思主义哲学史三个具有一般意义的共同特征"客观性"、"经世性"与"阶级性"的考察,我们可以建构一幅马克思主义哲学史的史学理论截面并以此观照与之相伴的社会史的光晕,并可为新时代的马克思主义哲学史研究提供一种新的思路。①

一、客观性

"客"谓之外来的(人)或物体,其与"主"相对,如客人、旅客、风寒入侵等等②,"客观性"的字面义可直解作"站在外在的角度观察"某人某事。它在史学上的应用至少有两层意思,其一,是指称一种史学描述方法,即史籍或考古的边界在哪里,史家的描述就到哪里,除此之外绝不在自己的著述中主观臆测某事或以论代史,这就是史家所认为的史学故乡里"最本己的东西和最美好的东西"。③ 其二,是史家的治史态度,一种"如其所是"地记录过去的信仰。从史学学科的视角来看,客观性的概念包括一个崇高的史学信仰,即相信"关于过去的事实,以及与这种事实相符的真相"④。

这个客观性放到马克思主义理论当中,它又具有了意识形态的意味。即只有共产主义理想是唯一正确的,而资产阶级颠倒的意识形态是无法正确揭示人类唯一的过去的,也只有无产阶级及其代表才能正确揭示人类历史唯一的过去,并按照自己揭示的正确历史规律建设人类唯一的未来,这就是马克思主义哲学提供给科学社会主义的客观性。

---

① 黎学军:《客观性、经世、文化——从马哲史著述的史学特征看》,《理论月刊》2012 年第 2 期。

② 《辞源》修订本第二分册,商务印书馆 1980 年版,第 830 页。

③ [德]海德格尔:《荷尔德林诗的阐释》,孙周兴译,商务印书馆 2004 年版,第 12 页。

④ [英]理查德·艾文斯:《捍卫历史》,张仲民等译,广西师范大学出版社 2009 年版,第 251—252 页。

马克思在《德意志意识形态》中的"一般意识形态,特别是德国哲学"之前删去一句话:

> 我们仅仅知道一门唯一的科学,即历史科学。历史可以从两方面来考察,可以把它划分为自然史和人类史。但这两方面是不可分割的;只要有人存在,自然史和人类史就彼此相互制约。自然史,即所谓自然科学,我们在这里不谈;我们需要深入研究的是人类史,因为几乎整个意识形态不是曲解人类史,就是完全撇开人类史。意识形态本身只不过是这一历史的一个方面。①

此处的"批判的历史科学"可能有两层意思:首先,这是一个马克思对前人史学理论的总结,对"旧历史学"的总结;其次,马克思认为自己的观点与曾经真实发生过的人类历史进程有一一对应的关系。换言之,马克思认为自己的史学方法论与往事是一一对应的,即便暂时未有考古学方面的新发现,人们也无法否认"过去的人们就是如此发展自己的"②。如前所述,苏联人以"物质决定意识"的视角从中引申出了一个"一",即事物之理是唯一的、人类对它的认识归根结底是唯一的、只有无产阶级才能最终认识事物之理,所以,世界是客观实在的,其道理归根结底只能由无产阶级去揭示。

马克思治史始终坚持实事求是的精神,始终认为人类过去只有一个真相。在其《历史法学派的哲学宣言》一文中,马克思阐发了自己对历史研究应坚持实事求是的态度:

> 18 世纪流行过的一种虚构,认为自然状态是人类本性的真实状态。当时有人想用肉眼去看人的思想,因此就创造出自然人—巴巴盖诺,他们纯朴得居然身披羽毛。在 18 世纪最后几十年间,有人曾经设想,那些原始民族具有非凡的才智,那时到处都听到捕鸟者模仿易洛魁人和印第安人等的鸟鸣术,以为用这种办法就能诱鸟入彀。

---

① 《马克思恩格斯文集》第 1 卷,人民出版社 2009 年版,第 516—519 页。
② 黎学军:《马克思"批判的历史科学"发展历程》,《贵州社会科学》2013 年第 8 期。

所有这些离奇的言行都是以这样一种正确的想法为根据的,即原始

状态是一幅幅描绘人类真实状态的纯朴的尼德兰图画。①

马克思在这里可能还透露出另一层意思,即资本主义历史学家的历史学
是虚构的,即意识形态虚假性笼罩在所有资本主义国家史学家的著述头上。
在他看来,胡果否认历史有本质和目的,且其根本不想证明,"实证的事物是
合乎理性的;相反,他力图证明,实证的事物是不合理性的"②。马克思是一个
"历史有目的"论者,且认为人类只会有一个确定的未来。

马克思在其《好报刊和坏报刊》中表达了事实不应该虚构的想法,他说
道:"哪一种报刊说的是事实,哪一种报刊说的是希望出现的事实。"③马克思
主义哲学史著述"客观性"的史学描述手法的理论渊源之一来自被称为"近代
史之父"的兰克所提出的历史客观主义,兰克学派核心思想有三个:首先要重
视对史料的考证,其次要避免对历史作价值判断,再次强调对历史过程和现象
的"领悟"。简而言之,即强调史家要构建一种不褒不贬的历史。④ 这种叙述
可以是所谓完全客观的,诸如"某日发生甲事,某日发生乙事"等此类;也可以
是贯注了史家个人推测及观感的,如"某日发生甲事,某日发生乙事。甲事与
乙事是有因果关系的,甲事是好的,乙事是不好的",其中的"甲事与乙事有因
果关系"属于历史学家的推测,"甲事是好的,乙事是不好的"就是人们通常所
说的史评,或者说是史学家赋予关于某桩历史(事件)的褒贬⑤。马克思主义
哲学史著述"客观性"的史学描述手法的理论渊源之二与青年马克思所受到
的理性主义的熏陶相关。马克思主义的科学性强调客观条件、客观规律对人

① 《马克思恩格斯全集》第1卷,人民出版社1995年版,第229页。

② 《马克思恩格斯全集》第1卷,人民出版社1995年版,第230页。

③ 《马克思恩格斯全集》第1卷,人民出版社1995年版,第398页。

④ Leopold von Ranke, *The theory and practice of history*, Ed.by Georg.G.Iggers and Konrad von
Moltke, New trans.by Wilma A.Iggers and Konrad von Moltke, New York, The Bobbs-Merrill company,
Inc.1973.p.5.

⑤ 黎学军:《"客观"历史与"主观"历史的纠缠》,《山西师大学报(社会科学版)》2010年第
1期。

的统治性,正是在这种意义上,悉尼·胡克认为马克思是"一个真正的启蒙运动的产儿。没有一种事物不能科学地加以研究,没有一种事物是科学方法对它不相干的,不管是在运行中的星星,还是为情感所牵的人类"。① 从其早期著述来看,青年马克思毫无疑义地受到了强烈的理性主义及实证主义的影响,他所强调的实事求是的精神同样毫无疑义地影响到了后世的马克思主义哲学史家们。"马克思学说是科学"的提法所表现的不仅仅是一种意识形态的情绪,这与马克思学说的理论特质也是直接相关的。

翻开任何一本苏联东欧或我国的马克思主义哲学史著述,诸如"客观的"、"科学的"、"公正的看"等词汇随处可见。这里例证甚多,如纳尔斯基在其《十九世纪的马克思主义哲学》中有一段话明显地表现了一种既追求马克思主义的"科学"又反对资产阶级思想家对马克思主义的"科学化",作者先说道:"马克思主义把大无畏的科学求实精神同共产主义的党性原则,……从而将唯心主义从它的最后避难所,即从社会科学领域中驱逐了出来",之后话锋一转指出,资产阶级马克思学家号召要对"马克思主义进行'非意识形态化'和'科学化'"是同严重歪曲马克思主义哲学的企图紧密相连的②。纳尔斯基句中前后的"科学"意谓不一样,所谓的"客观性"归根结底同样是具有排他性的意识形态性质的,类似于一种没有互动对话的"独白"。人类认识论一直在追逐一个既源于人又高于人的认识本体,马克思主义认识论也是如此的。

"客观性"在其第二层意思上可称为"批判的精神",这一点主要体现在马克思主义哲学史家对西方学者或者其他社会主义国家同行的批判中,当下也仍然需要这种精神。但是自我批评的精神则较弱,比如我们可以在未曾仔细研究西方哲学家著述的情况下,张口就批判,似乎他们天然地与社会主义国家

---

① [美]悉尼·胡克:《理性、社会神话和民主》,金克、徐崇温译,上海人民出版社2006年版,第134页。
② [苏]纳尔斯基:《19世纪的马克思主义哲学》下,金顺福等译,中国社会科学出版社1984年版,第9—10页。

哲学界作对、他们天然地居心叵测似的，关于这一点在改革开放之后也有过一些反思。这种批判精神伴随马克思一生的理论工作，《莱茵报》编辑马克思丝毫不隐瞒自己浪漫之矛的锋芒，以下引入马克思于 1843 年说的一段话为例，他说道：

> 如果我们的任务不是构想未来并使它适合于任何时候，我们便会更明确地知道，我们现在应该做些什么，我指的就是要对现存的一切进行无情的批判，所谓无情，就是说，这种批判既不怕自己所作的结论，也不怕同现有各种势力发生冲突。①

这就是人们所认可的一种知识分子的"谋道不谋食"精神，如果人们要以坦诚的做法来取得大众的信任，人们自然要亲自指出自身的不足之处。葛兰西认为，在社会中履行知识分子作用的人可以分为两类：第一类是有机的知识分子，即以己之长参加社会某个组织来换取生活资料的那部分人，这部分人大多数都是新的阶级所彰显的新型社会中部分基本活动的专业人员。第二类是传统的知识分子，如教士、行政管理阶层、科学家、理论家、非教士阶层的哲学家等。葛兰西认为，这些不同的传统知识分子范畴通过"行会精神"感受到自己不间断的历史连续性和自身的特性，因此自认为能够"自治并独立于居统治地位的社会集团"。② 正是这样的想法，使得第二类知识分子们产生了一种乌托邦的倾向，因为他们自认为是"独立的"、并具有自我发展的特性。与此相类似的划分来自福柯对知识分子的二分法，他认为社会最新发展的首要社会学特征之一，就是技术、白领工人、服务行业这些东西的兴起。在这些不同形式的活动中，人们完全有可能知道行业的运作情况和自己工作的特点，也就是说，作为精神病医生、律师、工程师、技术员，都能知道自己干的是什么。那么，专事批判的知识分子也是这样，他们所做的是批评性的工作。福柯指的

---

① 《马克思恩格斯全集》第 47 卷，人民出版社 2004 年版，第 64 页。

② ［意］安东尼奥·葛兰西：《狱中札记》，曹雷雨、姜丽、张跣译，中国社会科学出版社 2000 年版，第 3 页。

"批评性"并不是指毁灭性的工作,不是要去摒弃或是拒绝,而是一种审查性的工作,在其过程中要尽可能地"悬置我们在检验和评估时候提到的那些价值"。① 在徐复观看来,技术专家并不能算知识分子,作为一个拥有古典情怀的现代知识分子,他心目中的知识分子理想类型是这样一些人,以专门担当知识、思想为己职。也正因为知识分子有思想,故常带有悲剧性,悲剧性甚至成为鉴别真假知识分子的验证器。② 福柯在总结了欧洲知识分子尤其是法国知识分子的普遍命运之后也认为,知识分子就是"判决、课刑、谴责、放逐的原料"。③ 班达则认为,真正的知识分子形成了一个知识阶层,他们支持、维护的正是不属于这个世界的真理与正义的永恒标准。在班达看来,真正的知识分子在受到"形而上的热情以及正义、真理的超然无私的原则感召时",斥责"腐败、保卫弱者、反抗不完美的或压迫的权威",④这才是真正知识分子的本色。萨义德对所谓真正知识分子的界定与福柯的看法颇为类似,他指出,知识分子是:

> 既不该是没有争议的、安全的角色,以致只是成为友善的技术人员,也不该试着成为专职的卡桑德拉(希腊神话中的女先知,虽能预言却不见信于人),不但正直得令人不悦,而且无人理睬。每个人都受到社会的约束——不管社会如何自由开放,不管个人如何放荡不羁。在任何情况下,知识分子都该为人所听闻。实际上应该激起辩论,可能的话更要挑起争议。完全的沉寂或完全的反叛都不可取。⑤

在萨义德看来,知识分子一定要令人尴尬,处于对立,甚至造成不快。马克思在1843年的一封信中也曾表达过类似的观点,他认为:"然而整个社会主

---

① [法]福柯:《权力的眼睛》,包亚明主编,严锋译,上海人民出版社1997年版,第32—33页。
② 许纪霖:《重建知识与人格的立足点——徐复观的知识分子论》,《学术月刊》2003年第8期。
③ [法]福柯:《权力的眼睛》,包亚明主编,严锋译,上海人民出版社1997年版,第102页。
④ [美]爱德华·W.萨义德:《知识分子论》,单德兴译,三联书店2002年版,第13页。
⑤ [美]爱德华·W.萨义德:《知识分子论》,单德兴译,三联书店2002年版,第62页。

义的原则又只是涉及真正的人的本质的现实性的这一个方面。我们还应当同样关心另一个方面，即人的理论生活，因而应当把宗教、科学等等当作我们批评的对象。"①我国马克思主义哲学史学界学人们对第一个层面的"客观性"贯彻得极好，并且一直作为衡量一个中国学者（包含所有学科）是否信仰马克思主义的最主要指标，但对第二层面的"客观性"通常只是单维度地贯彻了马克思的本意。习近平总书记高瞻远瞩地指出了中国知识分子需要在这方面有所提升，如其所指出的"哲学社会科学要有批判精神，这是马克思主义最可贵的精神品质"②。

人们将"客观性"作为马克思主义哲学史学科治学的最高标准之一，目的有二：一是为了维护正史的神圣性；二是维护马克思主义哲学史学科及马克思主义哲学史学界自身的权威性。

二、经世性

所谓"经世性"是指马克思主义哲学史必须紧密围绕着国家政治主轴旋转，用正史来规范中国大众的思想和实践，它是马克思主义哲学史著述一以贯之的另一条"红线"。这当然是无可置疑的，我们需要的也正是一部"我们感兴趣的历史书"。这可以从我国诸多的马克思主义哲学史著述的书名即可看出来，绝大多数以"教程"为名，从名称就凸显自身的"经世性"特点。为自身建设进行理论辩护是全人类当下所有文明形态的共有举措，当世所有政治文明都有思想政治理论教育，区别只在于教化的内容：美国、欧洲都是如此，社会主义国家当然也是如此的。一个客观事实是，当下所有的现存的、曾经的社会主义国家都脱胎于半殖民地半封建状态，都不是从高度发达的经济状态挺进到社会主义制度的，它们从不自信向自信状态发展历程中，更要刻意注意自我

---

① 《马克思致阿尔诺德·卢格》，《马克思恩格斯全集》第 47 卷，人民出版社 2004 年版，第 65 页。

② 《习近平谈治国理政》第二卷，外文出版社 2017 年版，第 341 页。

保护:维护国民统一信仰、要求所有媒介统一发声、要求所有思想政治教育教材全国统一,等等。

这样的理论源头同样可以追溯到马克思对史学的研究与阐释上面。我们能追溯到的马克思研究史学的起点在 1835 年 8 月,从他的中学考试拉丁语作文《奥古斯都的元首政治应不应当算是罗马国家较幸福的时代》开始的。在学习了贺拉斯《诗艺》和塔西佗《罗马编年史》等史籍之后,马克思撰写了自己的拉丁语论文。在文章里,马克思已透显出一些其长期坚持的史学观点,体现在是否可以将人类的意志贯彻进史籍中、如何判定史籍的真实性两个方面。首先,马克思认为将人类意志贯彻到史籍中是必需的,纯粹的编年史不可取。在描述《罗马史》时,马克思说道:"当时历史不需要论辩术,它只是叙述事实,完全是一些编年记载。"①这与德国史学界对马克思的影响是直接相关的,德国史学家高度关注论辩领域,19 世纪德国史学家特赖奇克曾这样评价德国史学家们:"简单公正的历史与一个激情四射、喜好争论的民族是不相容的。"②这样的争论和批判精神不但贯穿了马克思一生的理论活动,而且也深刻地影响了马克思治史观点的变化。其次,史籍的真实性与作者名望直接相关。他认为历史知识的习得,必须依靠历史学家,而且是著名历史学家的著述更可靠。他说道:

> 现在我们来谈谈古代人是怎样评价奥古斯都时代的。他们称他为神圣的,认为他与其说是人,还不如说是神。如果只是贺拉斯一个人这么说,那是可以不信的。但是,就连杰出的历史编纂学家塔西佗也总是以最大的尊敬、最高的赞赏,甚至以爱戴的感情来评价奥古斯都和他的时代。③

---

① 《马克思恩格斯全集》第 1 卷,人民出版社 1995 年版,第 462 页。

② [法]安托万·基扬:《近代德国及其历史学家》,黄艳红译,北京大学出版社 2010 年版,第 16 页。

③ 《马克思恩格斯全集》第 1 卷,人民出版社 1995 年版,第 464 页。

这一点在成熟马克思那里发生了很大改变，成熟马克思更倾向于采信那些自觉或不自觉地应用阶级观看待人类发展史的史家著述。①

在稍后的《博士论文》中，马克思也发表了一些对时间的看法。他认为时间是蕴藏在万事万物之中的，例如它是藏在人的身体中，人们应该感性地感受世界，他指出：

> 正因为时间是感性知觉的抽象形式，所以按照伊壁鸠鲁的意识的原子论方式，就产生了把时间规定为自然中的一个特殊存在着的自然的必然性。感性世界的变易性作为变易性，感性世界的变换作为变换，这种形成时间概念的现象的自身反映，都在被意识到的感性里有其单独的存在。因此，人的感性就是形体化的时间，就是感性世界的存在着的自身反映。②

我们可以认为，这里隐藏了初始的"由物到感觉和思想"观点。此外，关于"回到"过去的方式，马克思可能认为史学家必须需要"穿越"回到过去，对过去进行一番感同身受式的体验，这与他坚持将史家主体意志贯彻到人类发展进程的观点是一致的。

在《〈黑格尔法哲学批判〉导言》一文中马克思谈到了其治史的目的，他延续了《克罗兹纳赫笔记》的观点（这也是他坚持了一生的观点），即认为历史是为现世服务的。③ 他说道："真理的彼岸世界消逝以后，历史的任务就是确立此岸世界的真理。人的自我异化的神圣形象被揭穿以后，揭露具有非神圣形象的自我异化，就成了为历史服务的哲学的迫切任务。于是，对天国的批判变成了对尘世的批判，对宗教的批判变成了对法的批判，对神学的批判变成了对政治的批判。"④在马克思看来，治史的目的毫无疑问是确立人类社会形态向

---

① 黎学军：《马克思"批判的历史科学"发展历程》，《贵州社会科学》2013 年第 8 期。这里几个段落都是本课题中期研究成果，均为课题主持人独著先行发表。

② 《马克思恩格斯全集》第 1 卷，人民出版社 1995 年版，第 53 页。

③ 这与克罗齐所谓的"一切真历史都是当代史"有异曲同工之妙。

④ 《马克思恩格斯文集》第 1 卷，人民出版社 2009 年版，第 4 页。

何处去的问题,而哲学的任务就是在历史深处为批判现实寻找一些根据。在《1844年经济学哲学手稿》中,马克思展示了他从黑格尔那里学习到的历史辩证法知识:

> 历史的全部运动,既是这种共产主义的现实的产生活动,即它的经验存在的诞生活动;同时,对它的思维着的意识来说,又是它的被理解和被认识到的生成运动;而上述尚未完成的共产主义则从个别的与私有财产相对立的历史形态中为自己寻找历史的证明,在现存的事物中寻找证明,它从运动中抽出个别环节(卡贝、维尔加德尔等人尤其喜欢卖弄这一套),把它们作为自己是历史的纯种的证明固定下来;但是,它这样做恰好说明:历史运动的绝大部分是同它额论断相矛盾的,如果它曾经存在过,那么它的这种过去的存在恰好反驳了对本质的奢求。不难看到,整个革命运动必然在私有财产的运动中,即在经济的运动中,为自己既找到经验的基础,也找到理论的基础。①

在经过他改造的辩证法体系里,"共产主义"成了"绝对精神"的化身,它作为"否定的否定的肯定,因此,它是人的解放和复原的一个现实的、对下一段历史发展来说是必然的环节。"②紧接着,他又指出:"历史将会带来这种共产主义运动,而我们在思想中已经认识到的那正在进行自我扬弃的运动,在现实中将经历一个极其艰难而漫长的过程。但是,我们从一开始就意识到了这一历史运动的局限性和目的,并且有了超越历史运动的意识,我们应当把这一点看做是现实的进步。"③关于历史的属人性,马克思也有所论述。他说道:"科学只有从自然界出发,才是现实的科学。可见,全部历史是为了使'人'成为感性意识的对象和使'人作为人'的需要成为需要而作准备的历史(发展的

---

① 《马克思恩格斯文集》第1卷,人民出版社2009年版,第186页。
② 《马克思恩格斯文集》第1卷,人民出版社2009年版,第197页。
③ 《马克思恩格斯文集》第1卷,人民出版社2009年版,第232页。

历史）。历史本身是自然史的一个现实部分，即自然界生成为人这一过程的一个现实部分。自然科学往后将包括关于人的科学，正像关于人的科学包括自然科学一样：这将是一门科学。"①在此意义上，我们可以认为马克思历史科学就是马克思看待世界的方式，即等同于其世界观。这是社会主义国家传统的观点，广松涉早已提出过②。从中我们也看到了马克思所说的"历史"，特指的就是根植于生产之上的那些人类自己的故事，从吃喝拉撒来、到吃喝拉撒去，这样的故事既是自然界故事的一部分，也具有自身独特的规律：仅仅属于人——写人的，人写的——历史对人来说是被认识到的历史。③

　　人类历史显然与人有关，但与什么样的人有关呢？马克思显然不认为与所有人都有关，他时刻把自己的史学旨趣与自己的政治抱负捆绑在一起。在他看来，历史目的与群众的实际需要是一致的："根据以往的非批判的历史，即不是按照绝对批判的意愿编纂的历史，应该严格地分清：群众对目的究竟'关注'到什么程度，群众对这些目的究竟怀有多大'热情'。'思想'一旦离开'利益'，就一定会使自己出丑。另一方面，不难理解，任何在历史上能够实现的群众性的'利益'，在最初出现于世界舞台时，在'思想'或'观念'中都会远远超出自己的现实界限，而同一般的人的利益混淆起来。"④而在青年黑格尔派那儿，重要的仅仅是思想本身，而不是群众的现实利益。马克思接着说道："因此，历史活动是群众的活动，随着历史活动的深入，必将是群众队伍的扩大。在批判的历史中，事情当然必定是以另一种方式发生的，批判的历史认为，在历史活动中重要的不是行动着的群众，不是经验的活动，也不是这一活动的经验的利益，相反，'在这些活动中'，'重要的'仅仅是'一种思想'。"⑤

① 《马克思恩格斯文集》第1卷，人民出版社2009年版，第194页。
② ［日］广松涉：《物象化论的构图》，南京大学出版社2002年版，第3、73、75页。
③ 《马克思恩格斯文集》第1卷，人民出版社2009年版，第211页。
④ 《马克思恩格斯文集》第1卷，人民出版社2009年版，第286页。
⑤ 《马克思恩格斯文集》第1卷，人民出版社2009年版，第287页。

在马克思看来"历史不过是追求着自己目的的人的活动而已"[1],简言之,马克思认为正是人叠着人,物叠着物的链条堆积成了人类的历史,它本身就是自然史的一部分。"经世性"是所有史家自觉或不自觉融合到自己所著史籍当中的东西,这一点是不需要特别研究的,与此对应,马克思主义哲学史家在论述到社会主义国家马克思主义哲学研究状况时,所描绘人物必然经过裁剪以适应于作者所处时代的精神:任何人物(包括马克思)都必须是"赞同"本民族社会实践的。可以轻易地用反证法来证明它在马克思主义哲学史著述中的存在,即从种种的"不客观且很民族"的描述中反推出各民族作者所著马克思主义哲学史"经世性"的特点。

其一,是对于同一桩史实的记录带有明显的民族情绪。这尤其反映在与苏联出现了争执的社会主义国家里,比如苏联与南斯拉夫、苏联和我国。纳尔斯基借用了梅林去证明自己对于哲学史发展动力是阶级斗争观点的合法性,他说道,"对梅林来说,哲学是意识形态形式之一,人们就是在这些意识形态形式中认识和开展阶级斗争的"[2]。克莱恩在其著述中也有相似的观点:历史就是斗争史。对斯大林本人及其主义有不同看法的弗兰尼茨基则持另一种观点,他认为一战后那些所谓的"苏维埃共产党人"所走的道路才是马克思主义这一革命理论的实质,即"把人道主义和社会主义理解为雇佣关系的克服、政治上和经济上的异化的克服"[3]。这既符合了铁托所宣扬的理论,也与弗兰尼茨基坚持批判斯大林主义的初衷是相关的,他在记载奥古斯特·倍倍尔与伯恩斯坦的争论时借题发挥,用了一些篇幅批判斯大林主义的教条主义性质。[4]

---

① 《马克思恩格斯文集》第 1 卷,人民出版社 2009 年版,第 295 页。

② [苏]纳尔斯基:《19 世纪的马克思主义哲学》下,金顺福等译,中国社会科学出版社 1984 年版,第 262 页。

③ [南]普雷德腊格·弗兰尼茨基:《马克思主义史》,李嘉恩、韩宗翃等译,人民出版社 1986 年版,第 13 页。

④ 黎学军:《客观性、经世、文化——从马哲史著述的史学特征看》,《理论月刊》2012 年第 2 期。

从社会主义与资本主义对立的视角,还可以列出别的例子,例如不同史家对拉法格的看法是有偏差的,弗兰尼茨基眼中的保尔·拉法格是这样的:"在1865年当他还是一个医科大学生的时候,就因为从事革命工作而被法国所有的大学拒于门外。"① 麦克莱伦的记载则是"保尔是一名(不很热情的)医学学生。作为蒲鲁东的追随者,他活跃在学生政坛上,作为法国代表被派往伦敦的国际总委员会,在那里他由于政治原因被从法国大学驱逐出来"。② 纳尔斯基则指出,"拉法格同情布尔什维克主义,正如娜·康·克鲁普斯卡娅在回忆录中证实的,在巴黎生活必需品期间,在拉法格和列宁之间建立了友好接触"。③ 对同一个人,南斯拉夫学者给出了一个影像模糊的描述,英国学者则按照自己掌握的史料给出了完全不同的看法,而苏联学者按照其人与列宁的关系给出了带有明显意识形态偏向的描述。

其二,是对于记录何者为"列传"的成员以此反映著者的意识形态与民族特色。例如孙伯鍨版(1988年)对马克思和恩格斯的诸多继承人们作了一个有意思的归类:

> 从最直观的角度看,对19世纪末马克思主义的大传播作出重大贡献的确马克思主义者,具有下述特点:就时间而言,他们都出生于该世纪40—50年代,都在80—90年代转向马克思主义;就地域而言,他们都出生于资本主义不发达的东欧、南欧或其他地区,且都来自较富裕的家庭;就政治倾向而言,他们都是第二国际的组织者和重要活动家,都属于马克思主义者中的"正统派"(相对于修正主义而言)。④

---

① ［南］普雷德腊格·弗兰尼茨基:《马克思主义史》,李嘉恩、韩宗翙等译,人民出版社1986年版,第289页。
② ［英］戴维·麦克莱伦:《卡尔·马克思传(第3版)》,王珍译,中国人民大学出版社2005年版,第324页。
③ ［苏］纳尔斯基:《19世纪的马克思主义哲学》下,金顺福等译,中国社会科学出版社1984年版,第282页。
④ 孙伯鍨、侯惠勤:《马克思主义哲学的历史和现状》第一卷,南京大学出版社1988年版,第449页。

　　苏联人对何谓"正统"的划界决定了列传中何人可以青史留名,例如弗兰尼茨基版所记载的索列尔,索列尔认为马克思的主要功绩在于他克服了资产阶级的政党观,并指明了阶级问题和阶级的重要性。由此,他强调马克思主义的关键问题不在于组织新的政党,而在于引导工人阶级走上一条自己启发自己的道路。① 这与后来的主流"灌输论"背道而驰,所以该人被打入另册。在纳尔斯基版中,德米特里·布拉戈也夫作为保加利亚和巴尔干的第一个马克思主义者,支持和接近列宁的观点,这也是作者将该人放到"列传"中的最重要的根据。②

　　时代精神的灌注、意识形态色彩和民族精神的影响,一直静悄悄地"躺"在马克思主义哲学史著述的字里行间,人们总是根据自己的偏好来撰写史籍,从未有过改变。

三、阶级性

　　所谓阶级性,指的是马克思主义哲学史以"无产阶级"之眼看世界、看人类发展历程之意,这个是所有马克思主义学科及其著述的共有特征。具体到本学科著述中,早前表现出来的是风云满纸、逢西必批,当下更多表现出一种技术性视角、兼容并蓄,如习近平总书记所指出的那样:"对一切有益的知识体系和研究方法,我们都要研究借鉴,不能采取不加分析、一概排斥的态度。"③

　　坚持阶级性与"经世"实际上是一个问题的两个方面,对此侯惠勤曾形象地描述过:

　　　　国家意识形态本质上是阶级意识,是上升为统治思想的阶级意

---

　　①　[南]普雷德腊格·弗兰尼茨基:《马克思主义史》,李嘉恩、韩宗翃等译,人民出版社1986 年版,第 299 页。

　　②　黎学军:《客观性、经世、文化——从马哲史著述的史学特征看》,《理论月刊》2012 年第2 期。

　　③　《习近平谈治国理政》第二卷,外文出版社 2017 年版,第 341 页。

识。因此,只有能够形成阶级意识的阶级,才可能成为革命阶级并通过革命上升为统治阶级。这就表明,思想领导权在革命阶级获得政权前是革命的先导,是夺取政权的必要前提;而在掌握政权后则是巩固政权的保障,是建立主流意识形态的思想基础。由于在受压迫的劳动者阶级中,只有工人阶级能够超越资产阶级意识形态,形成以"消灭阶级"为内核的阶级意识,因而无论是社会主义革命或建设,都必须坚持工人阶级的领导权。工人阶级的阶级意识和历史使命,集中体现在马克思主义及其政党的作用上。坚持工人阶级的领导权,就是要不断加强和改善共产党的领导,巩固和加强马克思主义的指导地位,按照工人阶级的阶级要求去改造世界,为最终实现共产主义而奋斗。①

马克思的阶级定义特征可以简单归纳为三个:第一,阶级与工业运动直接相关——例如德国无产阶级只是通过兴起的工业运动才开始形成②。第二,阶级围绕财产及其分配方式展开斗争,无产阶级则更彻底地要求"否定私有财产。"③第三,人永远无法更改自己的阶级属性,只有团结起来进行社会革命。

贯彻到马克思主义哲学史当中,我们就可以看到这样的描述方式:第一,每个地球人都隶属于某个阶级,他们归根结底都自觉或不自觉地为自己所处阶级说话;第二,西方诸多理论学说可能有优点,但归根结底是狭隘的,因为他们是资产阶级知识分子,归根结底是要为他们的阶级说话的。第三,只有无产阶级及其知识分子才能正确揭示人类社会未来的理论与实践。

改革开放之后的一段时期内,马克思主义哲学史学科著述开始呈现出一种平和的语调,重视欧美同侪著述的热情日益高涨。当中国与美国关系趋于

---

① 侯惠勤:《意识形态话语权初探》,《马克思主义研究》2014 年第 12 期。
② 《马克思恩格斯选集》第 1 卷,人民出版社 1995 年版,第 15 页。
③ 《马克思恩格斯选集》第 1 卷,人民出版社 1995 年版,第 15 页。

紧张的时候,时代精神则需要学科著述更"经世性",使得著述中阶级性色彩日渐浓厚,这在2010年之后的相关著述中体现得尤其明显。

四、影响因素

粗略估计,影响一个马克思主义哲学史家作出价值判断并最终影响其著述特征形成的因素主要有民族、国家意识、建设模式等几方面影响。

第一,国家意识的影响。每一个国家的马克思主义哲学史家在评论相同的史实时都必然认为自己坚持了客观性原则、评价得宜。如何让本国的马克思主义哲学工作者充满了自豪感,其实也不难——至少自己国家出版的马克思主义哲学史中满是对于本国马克思主义哲学工作者的颂扬,并且对其他民族的马克思主义哲学工作者持有一定的保留意见,例如苏联与南斯拉夫马克思主义哲学史家之间的种种不快,我国马克思主义哲学史家与苏联同行在诸如"全民党"、"发达社会主义"及"谁是修正主义"等问题上的各抒己见。根据唯物史观的看法,个人世界观归根结底总是受到经济方式的制约,都受到个人所属的那个阶级的立场的影响。隶属于不同阶级阵营、但同是历史学家的人,对于马克思学说的看法迥然不同,如果仅仅看一本历史书,读者的思维将会被导向何处?

第二,史笔的影响。马克思从未认为自己无所不通,遇到自己无法追溯的历史故事,他同样是明确表达的。在《给维·伊·查苏利奇的复信(初稿)》中,马克思引用了一段历史记录:

> 如果说,在塔西佗时代以后,我们关于公社的生活,关于公社是怎样消失和在什么时候消失的,都一点也不了解,那么,至少由于尤利乌斯·凯撒的叙述,我们对这一过程的起点还是知道的。在凯撒的那个时代,已是逐年分配土地,但是这种分配是在日耳曼人的部落联盟的各氏族和部落之间,还不是在公社各个社员之间进行的。由此可见,日耳曼人的农村公社是从较古的类型的公社中产生出来的。

在这里,它是自然发展的产物,而决不是从亚洲现成地输入的东西。
在这里,在东印度也有这种农村公社,并且往往是古代形态的最后阶
段或最后时期。①

马克思并未否认对这一段历史并不是十分清楚,也明确表示自己所选择
的史料是有限的。这也给后世学界留下一串遐想,人们当然可以坚持"如果
自己找到了马克思没找到的史料呢"这样的想法。史料既"多"也"少",所谓
"多"是指史家在叙述一些史实之时,不可能把那些与该史实相关但无直接因
果关系的史料都囊括进来。所谓"少"是指史家要合理解释某些历史事件之
时,发现缺少予以支持自己阐释的事实。我国马克思主义哲学史诸家在修史
时更多依靠传世的经典著作,由此在描述形制上更多地倾向于对原著的解读,
而涉及勾画经典作家的生平事迹及苏联、东欧马哲发展历程时则缺乏足够的
第一手史料,这从我国马克思主义哲学史著述中外文注释的质与量可以觉察
得到。在很多细节雕刻上,史家只能以论代史,这可能会导致史述的主观随
意性。

马克思主义哲学史家的脑海里总是被"客观性"、"经世"与"阶级"三个
因素所撕扯着,具体表现为:执着于马克思原著、紧密跟随本国时代精神、与欧
美同行保持理论距离。马克思主义包括了若干广泛的理论领域,而马克思主
义迄今为止的实践本身又极为错综复杂,这些事实本身就充分说明了问题的
复杂性。至于马克思主义迄今存在过的各种流派、各种争论、截然相反的观点
和种种变化,当然就更不用说了。迄今为止,还有未来很长一段时间内,我们
都可以认为:每一本马克思主义哲学史著述都是"片面的",因为它只是主观
勾勒了马克思主义哲学史的一个片段、一个断面、一家之言而已。

---

① 《马克思恩格斯文集》第 3 卷,人民出版社 2009 年版,第 573 页。

第三章　史家与学会

　　记录史学家的生平事迹、史学家合纵连横的故事是史学史写法的重要一环,作者通常以此手段来彰显史学家为学科建设作出的功绩,并由此指认史家就是史学链条上的一环。近代史学史名家金毓黻指出:

　　　　史学寓乎史籍,史籍撰自史家。语其发生之序,则史家最先,史籍次之,史学居末。而吾国最古之史家,即为史官。盖史籍掌于史官,亦惟史官乃能通乎史学,故考古代之史学,应自史官始。①

　　所有史学学科都有相通性质,即中国马克思主义哲学史也正是在诸多史家的笔下绵延至今的,没有他们就没有这门学科,"代表了学科"这个提法都不足以形容他们,在史学意义上应该说他们就是学科本身。

　　由这些史家及其后继者组成的中国马克思主义哲学史学会(曾用名"中国马克思主义哲学史研究会"),肩负起了组织全国学科同侪每年召开一次论纲已设定好的学术会议的任务,与会人员找到了在同一个学术语境下交流学习的精神家园。

　　学界公认的中国马克思主义哲学史家较多,笔者选取了几位有代表性且笔者有一定程度了解的名家进行描述,对他们的学习经历、他们对学科体系的

---

　　①　金毓黻:《中国史学史》,商务印书馆 2009 年版,第 5 页。

贡献及其主要观点进行简单的勾勒。学科学会则笼统地描述，即简述它的历史沿革和近几年论域的情况。

第一节 史 家

黄枬森、叶汝贤、王南湜三位中国知名马克思主义哲学史家，都是笔者直接认识的，虽然没有领会到三位前辈一星半点的知识，但由于与他们有直接的联系，也有了解一些他们治学、治史观点的机会。

从史学角度，传记只记录自己认识的人，当然也有一些弊端，比如走得太近可能会失去远景观察的机会，又如可能会因为认同了他们的观点而不自觉地排斥他们之外学人的观点，等等。但的确也有一些优点，比如可以更近距离地听到他们的观点，不明了的地方可以反复地询问，等等。

一、黄枬森

黄老与笔者（摄于 2011 年 8 月 30 日，北京大学朗润园）

1. 交往

黄枬森先生已永远地离开我们了,业内业外无不扼腕痛惜,笔者亦无语哽咽。虽然不是黄老指导的学生,但忆起老先生对笔者教学科研工作的训示,一切都像是发生在昨天。

2011年8月之前,笔者只在各种影像资料中看得到黄老先生,从未有幸亲耳聆听到老人家的训示。因为一个笔者主持的国家社会科学基金课题涉及我国马克思主义哲学史学科建设的历史,于是有了联系黄老的想法,因黄老不但是这段历史描述者,而且也是主要亲历者之一,笔者就很冒昧地给黄老写了一封信。信邮寄出去之后,虽然很期望得到老先生的回信以便能更好展开课题的研究,但又担心会影响老先生的休息,内心的纠结彷徨表现为经常心神不宁和对电话铃声的"幻听"。

2011年8月初的某日,突然接到一个区号显示为北京的电话,百思不得其解,难道是北京的同学?接通电话之后,话筒对面传来了一个老人浓重的四川话"你好!我是北京大学哲学系黄枬森。"那一瞬,笔者的惊讶多于兴奋。一个享誉全国马克思主义哲学界内外的大学者,居然给一个晚辈后学电话?首次的通话,笔者兴奋得没听清楚黄老说的话,当然也是被老人家浓重的四川口音绕晕了。

2011年8月30日,笔者赴北京大学朗润园拜会黄枬森先生。进门之前,黄老家人在门口悄悄提醒笔者:与黄老谈话时间,必须控制在40分钟以内。这当然完全可以理解,黄老毕竟已是90岁高龄(至2011年)的老人了。进门之后,先是听到咳嗽声,然后听到鞋底拖地缓慢前行的步行声,数秒钟之后就看到了脸色略显苍白的黄老,笔者一脸虔诚地躬身对老人家问好,老先生摆摆手说道:"你先坐一下,我先吃药,都成药罐子了。"面对随和如邻家老人般的招呼,原本的紧张情绪顿时消融了。

与黄老的谈话持续一小时,征得黄老同意,我对谈话进行了全程录音,这也可以算作一个研究黄老学术思想史①的"野史"记录吧。

此后,笔者与黄老还有数次电话交流,或者在老先生生日的时候,或者在春节的时候,或者在笔者遇到烦心事的时候,但凡笔者电话到黄老家里,总是能听到老先生亲切的四川话。笔者总是喜欢喋喋不休地将自己工作中的一些小事向老先生汇报,老先生也听得津津有味,还不时给笔者支招。哲学来源于生活,来源于实践,老先生不仅是马克思主义哲学的研究者,也是一名实践者。

2. 访谈内容

笔者将黄枬森先生名之为"大史",这里有三层含义,其一是按黄老主要的学术研究领域名之;其二也有突出其在马克思主义哲学史领域卓越贡献之谓;其三是黄老的精神和文字都已融入了学术史之中,老先生本身就是马克思主义哲学史当之无愧的一部分。

黄枬森是我国马克思主义哲学史最主要的创始人之一,他早年接受的是民国式的教育。黄枬森是四川富顺县人,16 岁以前大部分时间都在私塾学习中国古代的典籍,他 18 岁上高中之后在自贡市蜀光中学有机会读到一些苏联和我国的马克思主义哲学著作。他于 1942 年考入西南联大物理系,第二年才正式转到哲学系主修西方哲学。

解放以后,他作为共产党员和哲学系的研究生,被学校调去从事政治课的工作,开始以马克思主义理论作为自己的专业工作。1951 年至 1952 年,他在中国人民大学进修了一年,学习了较多的马克思列宁著作,其中也包括一些西方哲学著作。后来做了北京大学苏联哲学专家的助手,帮助苏联专家培养我国最早一批马克思主义专业研究生,从那时候他开始接触到了马克思主义哲学史。随后曾指导北京大学哲学系工农兵学院油印过马克思主义哲学史教材,真正对马克思主义哲学史进行比较深入系统的研究,而且对于马克思列宁

① 黄枬森在世的时候,就已有一些学者开始研究黄老学术思想,且有个别学者获得了国家社会科学基金项目的资助。

的哲学思想有所发挥,也就是说提出自己的一些观点,是 1978 年真理标准大讨论以后的事情。

黄老对马克思主义哲学史总的看法大概可归纳为以下三点:首先,黄老认为马克思主义哲学史不应只是描述经典作家的言论史,而应是一部全面记录辩证唯物主义与历史唯物主义发展历程的历史。其次,黄老认为我国马克思主义哲学史发展迄今是一个总的阶段,或可把 1996 年《马克思主义哲学史》八卷本出齐作为一个时间节点划分改革开放以来我国马克思主义哲学史发展阶段。最后,黄老认为马克思主义哲学史首先是一门学问,然后才是主流意识形态灌输素材。

(1)关于马克思主义哲学史研究对象

哲学史是什么、马克思主义哲学史是什么、马克思主义哲学史与西方哲学史的区别这三个问题在我国哲学界曾引起过热烈的讨论,传统观点认为哲学史是唯物主义与唯心主义斗争的历史,是阶级斗争史在哲学上的表现。

所谓"传统观点"源自于苏联哲学界的一场批判会。1947 年 6 月 16 日至25 日,按联共(布)中央决定,在日丹诺夫主持下举行了关于亚历山大洛夫《西欧哲学史》一书的全苏讨论会。日丹诺夫在会上对亚历山大洛夫所著的《西欧哲学史》指出了以下几点错误,首先,亚历山大洛夫对哲学史没有下定义,或是没有"正确的"下定义。其次,仅仅将哲学史叙述到马克思主义哲学产生时为止,不描述最新的马克思主义哲学的发展。最后,没有包括俄国哲学史,肯定了资产阶级把文化划分为"西欧"文化和"东方"文化的观点,把马克思主义看成是"西欧"的地方性思潮。亚历山大洛夫及其追随者的核心错误恰恰在于他们"未能'正确'指出斯大林同志对马列主义所作出的光辉贡献,未能指出斯大林是一个睿智的马克思主义哲学导师"①。受此影响的苏联与我国哲学家们在自己的著述中均引用了日丹诺夫的观点,久而久之也就形成

---

① Leszek Kolakowski.*Main Currents of Marxism*;*The Breakdown*,trans.from the Polish by P.S. Falla,London,Oxford University Press.

了两种写作范式,其一是"社—资"对立的传统写作范式,其二是突出领袖言论的写作范式,迄今为止该两种范式仍然被认定为社会主义国家理论界必须长期坚持的基本范式。例如,苏联哲学界于1979年出版的《十九世纪的马克思主义哲学》中提到马克思主义的历史是"同阶级斗争的历史紧密相联的"①。又如,比北京大学1973年油印本马克思主义哲学史教程稍晚出一点的一本小册子《马克思主义在斗争中发展》也提到"马克思主义必须在斗争中才能发展,不但过去是这样,现在是这样,将来也必然还是这样"②。

改革开放以后该观点被我国多数哲学家所摒弃,人们转而认为哲学史就是"整个认识史,或确切点说,是整个认识史的总结,是和整个认识史一致的"③。这种认知也引起了一种担心,如果不强调马克思主义哲学史的特质,人们会误会它仅仅为西方哲学史的一部分吗?马克思主义哲学史中是否存在唯物主义与唯心主义的斗争呢?这涉及很多层面的问题,如马克思主义哲学的科学性与政治性、经典作家言论的真理性、马克思学说与马克思主义的关系,等等。对于这些层面的争论,黄老的观点是非常明确的。首先,黄老始终坚持认为非马克思主义哲学史是"从前科学走向科学的过程,不会永远停留在前科学的状态"④,西方哲学家及其著述迟早会"长"得像我们一样。其次,黄老指出,经典作家(即最高政治领导人)的话不可能句句是真理,他们是马克思主义哲学史中的主要代表,但他们做得不那么好的地方,同样可以点评、研究。

黄先生在其《马克思主义哲学史》(高教版)"序言"中指出:"马克思主义哲学史,顾名思义,就是马克思主义哲学创立和发展的历史,它必须反映马克

---

① И.С.纳尔斯基、Б.В.波格丹诺夫、М.Т.约夫楚克:《十九世纪的马克思主义哲学》上卷,金顺福、贾泽林等译,中国社会科学文献出版社1984年版。

② 安徽劳动大学政治系:《马克思主义在斗争中发展》,人民出版社1975年版。

③ 黄枬森:《马克思和恩格斯的哲学史思想和某些哲学思想的完整再现》,《人文杂志》1989年第4期。

④ 黄枬森:《哲学三题》,《江海学刊》2006年第1期。

思主义哲学体系及其各个原理的提出、丰富、修正的过程,但作为一门科学,它不能停留在对历史线索的叙述上,而要去揭示历史发展中的规律,换言之,它应该是历史与逻辑的统一。"①该定义包含了曾经被人们称之为修正主义分子的那部分人对马克思主义哲学独特的理解,黄老认为,马克思主义哲学这门科学出现、发展、成熟历程的学科,对于那些被命名为反对派的学者,如修正主义者的学说同样需要给予关注。

(2)关于我国马克思主义哲学史学科逻辑起点

改革开放之前,我国马克思主义哲学史并未有建制式建设,只有零星且是不公开发行形式的著述。很难评价这些著述对我国日后的马克思主义哲学史建设起到了多大的作用,不仅仅因为它们深受苏联类似著述的影响,而且全部都未曾公开发表,社会影响较小。

在与笔者的谈话中,黄老大致追忆了我国马克思主义哲学史发展的足迹:

1956 年,苏联专家沙波尼什科夫在华讲授马克思主义哲学史,其讲义曾出过铅印本,但未公开发表。当时苏联六卷本《哲学史》未出版,沙氏的教材是根据其与苏联同行的交流心得编撰而成,综合创新的痕迹较为明显。有关马克思主义哲学史的研究,苏联哲学界曾经在 20 世纪 60 年代以前出版了一些专题性的或有关某个时期的著作,比如《哲学史》(六卷本)、《苏联马克思列宁主义哲学史纲(三十年代)》等。这些史籍笼统而中性,马克思主义哲学史的特色并未得到完全显现。

1972—1973 年,北京大学朱德生、黄枬森主编马克思主义哲学史教材初稿油印发行,用于北京大学哲学系工农兵学员的授课,曾赠送一些样刊给兄弟院校。

1973—1974 年在北京大学哲学系教师指导下,该系工农兵学员出版同一系列马克思主义哲学史教材第二版油印本,内部使用未公开发表。

---

① 黄枬森:《把马克思主义哲学史作为一门科学来建设》,《现代哲学》1988 年第 1 期。

稍晚一些时候,中国人民大学马克思主义思想史研究所解散,庄福龄调到北京大学,由其主编的马克思主义哲学史教材油印本成为北京大学哲学系教材。之后再无以马克思主义哲学史为名的教材发布,直到中山大学版的《马克思主义哲学史稿》出版。一直到1978年以前,我国都没有正式出版过一本系统地叙述马克思主义哲学发展历程的通史。黄老对我国马克思主义哲学史的起点在哪里的问题给出的解答有点模糊,他说也可以放到20世纪70年代中期,也可以放到20世纪70年代末。

(3)关于马克思主义哲学史作为一门学术与主流意识形态教育的关系

对于学术与意识形态的关系,黄老态度鲜明,他认为:"要正确处理马克思主义哲学的意识形态性与科学性的关系。马克思主义哲学是科学,同时又是现代无产阶级的根本利益在世界观上的反映,因而又是现代社会主义运动的指导思想。这就是它的二重性,二者应该有机地结合起来。"[1]在黄老的回忆中,北京大学哲学系在20世纪70年代使用的油印本最初并不明确它是教材,形式上是科研成果,只是学员作为教材使用而已。黄老认为学术的、教学的可以相对分开,此外教学还是要在科研基础之上展开的。

事实上,我国的第一本马克思主义哲学史著述《马克思主义哲学史稿》首先是一个科研项目,1978年规划是由中山大学、中国人民大学联合申请的一个项目。书名中的"史稿"为不太成熟之意,交稿给出版社时才取的书名。正式发行之后,才由几所院校选定作为哲学系师生使用的教材。

(4)未来的马克思主义哲学史应该是什么样?

黄老对于我国马克思主义哲学史未来的建设提出了几点期许:首先,关于马克思主义哲学"是什么"与其由哪几部分构成的争论应当放到马克思主义哲学史著述当中。其次,别跟风赶时髦,紧随时代精神很重要,但更重要的是学术本身。厘清辩证唯物主义与历史唯物主义的关系对于马克思主义哲学科

---

[1] 黄枬森:《对马克思主义哲学在中国50年的回顾》,《中国特色社会主义研究》1999年第5期。

学地位的奠定具有基础的意义,因而对该问题的争论也最为热闹。同时它也是黄老用力最多、笔耕最勤的一个领域。这样的哲学论争,毫无疑义地应该是我国马克思主义哲学史著述中应该着力描述的一大部分①。黄老的观点是:"马克思主义哲学的最确切的名称是辩证唯物主义,称之为辩证唯物主义和历史唯物主义也能恰当地表达其主要内容。"②再次,要大胆研究,要相信"双百"方针。最后,要贯彻实践标准,自觉结合中国特色社会主义建设展开学科研究。

尽管仍然困难重重,但黄老对我国马克思主义哲学史的未来是充满着希望的,他现场说的意思在其早前发表的文章里已有表达:"马哲史是马克思主义哲学胜利前进的历史,当然,它在前进中也有曲折,有成功,也有失败,但它不会最终失败,成为单纯的历史遗迹。它将发扬光大,日趋完整,日趋严密,不断增强其科学性,不断扩大其实践的威力。它生机勃勃,方兴未艾,它的历史的主要篇章不在过去,而在将来。我们相信,若干年后,当我们的后代重新编写马哲史的时候,人们将看到更加辉煌灿烂的篇章。"③

二、叶汝贤

笔者博士毕业答辩的当天,还在场下闲坐等候的时候,突然看到几位导师"咬耳朵",个个面色凝重。随后,刘森林老师居然不参加答辩就直接离开了现场,引得全部学生窃窃私语很久。过后才知道,原来是叶汝贤老师当天早上在自家的洗手间摔了一跤,已被送去了医院。此后,包括笔者在内的所有中山大学学子再也没能聆听叶老的教诲。

叶汝贤先生是笔者读博时的老师,但不是导师,笔者的导师是研究苏联哲学的李尚德老师。入学的时候由叶老师亲自介绍中山大学哲学系马克思主义

①　黄枬森:《马克思主义哲学体系的当代构建》上卷,人民出版社2011年版。
②　黄枬森:《马克思主义哲学体系的当代构建》,人民出版社2011年版,"序"第10页。
③　黄枬森:《把马克思主义哲学史作为一门科学来建设》,《现代哲学》1988年第1期。

哲学与中国现代化研究所的历史，叶老就像念叨自己的孩子成长经历那样对之进行了介绍。随后三年的读博生活，笔者偶尔会请教叶老一些哲学问题，叶老每次都不厌其烦地给予了解答。叶老偶尔会邀请他熟悉的学生和他一起散步，笔者也曾有幸参与其中，每次都是围绕着中山大学校园走一圈，夕阳斜照、风轻云淡之际叶老也会偶尔谈及他自己求学和治学的经历。

叶汝贤先生，广西合浦人，1936 年 10 月出生在一个农民家庭，自幼好学。1956 年，叶先生考上武汉大学哲学系，此后终生痴迷唯物史观。1961年 9 月从武汉大学毕业后，进入中山大学哲学系从事马克思主义哲学的教学与研究。晚年任中山大学哲学系、教育部重点研究基地"马克思主义哲学与中国现代化研究所"教授、博士研究生导师，他曾任该基地的首任所长。兼任国家社会科学基金哲学学科评委、中国马克思主义哲学史学会常务委员、中国辩证唯物主义学会常务委员、广东哲学学会会长、《现代哲学》杂志社社长等职。

叶先生对马克思主义哲学史的研究，始于"文革"的动荡年代。为求全面理解马克思学说，叶先生开始潜心研究马克思和恩格斯的著作，从他们的早期著作一直读到他们的晚年著作，这也是与叶老同辈的国内其他几位前辈共同的爱好：反复诵读马克思原著，力求理解准确。据叶老弟子徐俊忠老师说，就是从那时开始，叶先生便萌发写一部马克思主义哲学史著作的念头。1970年，高校开始"复课闹革命"，这也无意中给了叶老展示授课与科研才华的机会。1973 年叶先生和中山大学哲学系其他老师一起在全国率先讲授马克思主义哲学史的知识，叶先生主讲的就是"唯物史观发展史"，他与其他老师的共同努力也为中山大学马克思主义哲学史学科的发展奠定了"先行一步"的优势。"四人帮"倒台后，在当时中山大学副校长、哲学系系主任刘嵘教授的倡导和支持下，叶先生和高齐云、黄枬森、庄福龄、马绍孟等老师合作，撰写出版了我国第一部马克思主义哲学史教材《马克思主义哲学史稿》。历经近三十年的时间检验，这部教材在中国马克思主义哲学史学科的奠基地位得到了国内相关专家的高度认可①。徐俊忠老师曾在给中山大学哲学系博士生授课时指出，该书关于对马克思主义哲学史的对象、分期与研究方法等的论述，已经成为后来许多马克思主义哲学史教材所遵循的定见。结合这部教材的编写，中山大学哲学系还受教育部的委托，连续举办了两期各为时半年的"马克思主义哲学史师资讲习班"。全国包括许多重点高校和科研院所近 200 名专业研究和教学人员参加学习，这些学员后来成为中国马克思主义哲学史学科建设的第一批学术骨干。中山大学哲学系由此而有中国马克思主义哲学史人才的"摇篮"美称。教材主编工作完成后，中山大学马克思主义哲学史研究工作沿着两个维度发展，其中一个重要维度是以叶汝贤教授为代表，拓展对于马克思主义哲学专门史的研究。此后，叶先生独自陆续撰写出版了《唯物史观发展史》、《唯物史观和人道主义异化问题》、《马克思主义哲义异化问题》、《马克思主义哲学发展史》、《马克思的唯物史观》等马克思主义哲学史的专著和《每个人的自由发展》、《现实的人及其历史发展的科学》等论文。

叶汝贤对马克思主义哲学史的贡献主要有两个方面，首先，积极融入《马克思主义哲学史稿》编撰当中，作为重要成员参与撰写了中国马克思主义哲学史第一本学科专著，并在随后的教学科研中培养了一批长期从事本学科的研究者，其弟子成才率较高，中山大学马克思主义哲学与中国现代化研究所的几位博导都曾是叶老的学生。其次，在马克思主义哲学史专题史维度上进行了极为重要的开拓。他的《唯物史观发展史》是史学与主流意识形态较好结合的产物，该书动态观察了唯物史观的发展历程，叶老把唯物史观形成历程放到社会主义运动实践的宏大历史中加以考察，从而为 100 多年唯物史观形成和发展的历史过程清理出了一条演进路径。该书叙述了唯物史观从前科学时期一直到 20 世纪 80 年代，中国共产党人在建设社会主义中对唯物史观的运用和发展，叶汝贤把唯物史观的前史，概括为神学历史观、人道主义历史观和

---

①　笔者直接就把该书的出版指认为中国马克思主义哲学史学科成立的主要标志之一。

唯物史观的萌芽三个时期。指出从神学转向人学,又从人的行为动机转而研究这些动机背后的动因,人类的历史观的发展就逐渐走到了唯物史观的门前。① 虽然该书囿于时代限制,仍然受到了苏联相关著述的一些影响,但仍然不失为一本学科专题史的开山之作。

三、王南湜

笔者与王南湜老师的交往源起于笔者想跟随王老师访学,虽然由于别的原因最终没有去成南开大学访学,但也因此得以与王老师建立了长期的联系。

王南湜(1953—　),陕西凤翔人。他曾是一名"工农兵学员",1976 年毕业于华南理工大学化工机械系,从事过一段时间技术工作后,才改修哲学,1986 年于中央党校理论部获哲学硕士学位,1989 年于南开大学哲学系获哲学博士学位。现为南开大学哲学系教授,博士生导师,中国辩证唯物主义研究会常务理事、中国人学会常务理事。1998 年入选教育部"跨世纪优秀人才培养计划",1999 年获国务院"政府特殊津贴",2002 年获宝钢教育奖。他的著述累叠起来早已超过了其身高,其文章的特点是穿透力极强、学理性极强、逻辑力极强。

笔者曾建议王老师亲笔写一部马克思主义哲学史,最好是通史。王老师说还没有到时候,还需要一段时间的积累和琢磨。虽然没有专门的马克思主义哲学史著述,但王老师著述广泛涉及马克思史学研究的元问题,如果说人们更关注马克思主义者哲学史这栋"建筑"的外观和高度,那么王南湜更关注的是这栋"建筑"的基础与骨架。

首先,关于马克思"历史"内涵的再解读。马克思"历史"内涵的观点同样有一个习得过程,而这个过程偶尔会被人们所忽略。王老认为马克思的"历史"内涵是什么并不是一个想当然的概念,首先应该仔细厘清马克思"历史"

---

① 蒋申华:《马克思主义哲学史专题研究的一项成果——评叶汝贤著〈唯物史观发展史〉》,《学术研究》1986 年第 3 期。

内涵的源流,特别指出不能继续沿用苏联体系(实则是斯大林的)教科书当中所说的那一种由自然直接进入人类生活的视角。

其次,马克思主义哲学史写作范式问题。王老特别重视哲学学科的写作范式,在他看来这可以上升到思维方式的高度。他提出了用人类学思维范式将历史唯物主义研究提升到一般哲学研究的框架上来,他认为,"迄今为止的全部哲学可划分为三大阶段,即古代直接以本体论为中心的哲学,近代以认识论为中心的哲学和现代以人类活动论为中心的哲学",并认为三个阶段代表性综合体系分别是"亚里士多德哲学"、"康德哲学"、"马克思哲学"①。他说:

> 我将实践概念扩展为人类活动概念,它包含三种基本样态:实践活动、理论活动、艺术活动或审美活动。对应于三种活动样态,人所创造的人类世界或人化自然也有三种样态:实在的人化自然、观念的人化自然、审美的或理想的人化自然。这样,那个困扰人的自然界问题,便获得了一种解决,即那些我们所知的存在于人类实践之外的自然,也是一种人化自然,一种观念的人化自然。于是,我们便能够以扩展了的实践概念即人类活动概念为基础而统一地说明全部人类世界,并进而建构起一个马克思主义哲学体系来。②

人与自然的裂隙的确存在于马克思主义哲学研究中,人类社会与天然自然之间如果不找到一座合适的桥梁连接,我们的马克思主义哲学史研究也是没有站在坚实的基础之上的。

也有一些老师总是说当下通行的马克思主义哲学史怎么看都是编年史的样子,还没有人能按照马克思学说当中的学理发展写成马克思主义哲学史。期待在未来的某个时候,能看到王老师亲笔写就的这样的一种马克思主义哲学史专著,而且还是一家之言的那一种专著。

---

① 王南湜:《人类活动论导论》,南开大学出版社1993年版,第5页。
② 王南湜:《重建人类学思维范式》,《哲学动态》2000年第7期。

四、孙伯鍨

孙伯鍨（1930—2003），1950年6月加入中国共产党。1951年8月参加工作，先后任青年团华东工委干事、华东建工部团委秘书。1954年8月至1958年8月在北京大学历史系学习，毕业后在北京大学哲学系任教。1975年4月调南京大学哲学系任教，先后任教学组长、系党总支委员、系副主任、副教授、教授、博士生导师，兼任中国马克思主义哲学史学会副会长、江苏省哲学学会会长、国家哲学社会科学规划小组成员、南京大学马克思主义理论研究中心主任等职。先后参加十余种哲学教材的编写，出版专著《马克思主义哲学史》、《探索者道路的探索》、《马克思哲学的历史和现状》、《走进马克思》等。参与编写《马克思主义哲学史》（八卷本）。

孙老是我国著名的马克思主义哲学家，中国马克思主义哲学史研究的开创者之一，南京大学马克思主义哲学重点学科的主要奠基者。在马克思主义哲学史和西方马克思主义的研究等方面作出了奠基性和开拓性的贡献，其因其创立的独特的"深层历史解读法"而在中国的马克思主义哲学史研究中开创了一个现在得到越来越多的学界同行认同的南京大学学派[1]。

孙伯鍨的治史观点接近于西方史学流派中的"兰克学派"，即高度强调原始档案的重要性，强调史家的推断应建立在可靠的档案之上，孙先生认为对马克思主义哲学史研究关系最为密切的是"相关原著的解读"[2]。与此同时，孙先生也非常重视一切"真"历史都是当代史的提法[3]，这与他及其学生强调的"回到马克思"的倡导是紧密结合在一起的。可以说，孙先生及其一干弟子所

---

① 张亮：《孙伯鍨先生的信念与人格——读〈探索与反思——哲学家孙伯鍨〉一书感言》，《学海》2004年第6期。

② 孙伯鍨、侯惠勤：《马克思主义哲学的历史和现状》（上），南京大学出版社2004年版，第8页。

③ 孙伯鍨、侯惠勤：《马克思主义哲学的历史和现状》第一卷，南京大学出版社1988年版，"前言"第1页。

倡导的"客观的"马克思主义哲学史引领了学界一时风尚并热闹了好久。关于马克思主义哲学史的研究,孙伯鍨既坚持苏联哲学家一些传统观点,也有中国式的创新,他的学生是这样评价的:

> 孙伯鍨首先突破的是马克思主义哲学史,尤其是马克思、恩格斯哲学思想史的研究。这一来与他自 1958 年大学毕业后即从事马恩经典哲学著作的教学与研究有关,二来也与他的如下思想,即要想使马克思主义哲学理论的本质真正地被揭示出来,首先必须重新阐释这种哲学的发展过程,尤其是其创始人马克思、恩格斯的哲学发展过程。从科学的世界观与方法论的角度来阐述马克思主义哲学史,显然会与从体系哲学的角度来研究这一问题得出不同的观点。①

这样的提法显然与我国马克思主义哲学史界的另一种提法有所不同,要或者不要体系成了一道分界线,"解构"这一关键词用作描述孙伯鍨及其门派在马克思主义哲学史学科研究中的关键词,似乎也是妥当的。

五、庄福龄

庄福龄(1929—2016),江苏镇江人,中共党员。他是新中国最早培养的马克思主义理论教学和研究人才。1951 年毕业于上海商学院并留校任教,1953 年来中国人民大学进修两年、研究生毕业,1955 年留校任哲学教员兼马列主义研究班哲学分班主任,1959 年任哲学教研室副主任,1964 年他受学校委托参与筹建中国人民大学马列主义发展史研究所,任马列主义发展史研究所马克思主义哲学史研究室副主任、副教授和主任、教授。其主讲课程有马克思主义哲学原理、原著、毛主席哲学著作和哲学思想、辩证唯物论和历史唯物论专题等;参与主编过《马克思主义哲学教科书》、《马克思主义哲学史》八卷本、《马克思主义史》四卷本、《毛泽东哲学思想史》三卷本、《简明马克思主义

---

① 张一兵、唐正东:《孙伯鍨哲学思想的方法论源起和内在逻辑》,《马克思主义研究》2004年第 2 期。

史》、《中国马克思主义哲学传播史》、《毛泽东思想概论》、《中国大百科全书·哲学》马克思主义哲学史分支、《马克思主义哲学史辞典》、《马克思主义哲学史教学资料选编》三卷本;等等。

庄福龄教授积极参与筹划成立中国马克思主义哲学史学会,是学会第一至三届会长之一,第四、第五、第六届会长,第七、第八届名誉会长,为学会的发展壮大作出了重要贡献。

庄福龄教授是我国马克思主义哲学史专业最早的研究生导师之一,为国家培养了大量人才,其中不少成为我国马克思主义哲学和马克思主义理论学科带头人和学术骨干。

庄福龄教授毕生致力于马克思主义哲学史和马克思主义发展史学科的建立和完善,生命不息,探索不止,不但担任《马克思主义研究论库》主编之一,且晚年提议并组织《马克思主义发展史》（十卷本）撰写工作,病中仍念念不忘十卷本撰写工作进展,始终关注马克思主义理论的创新发展。

庄先生集近二十年的力量深入研究马克思主义哲学史,在这个领域里奋力开拓,发挥了重要的奠基作用。在不同形式的专著、论文中,他详细地阐明了自己的马克思主义哲学史观。据其学生的描述,他的观点主要包括以下四个方面的内容。

其一,关于马克思主义哲学史的学科特质理解。庄先生认为,马克思主义哲学史是一门研究马克思主义哲学产生、发展的历史及其规律的科学,它的特质在于,首先,它是一门历史科学,是建立在大量第一手历史资料基础上的。其次,它还是一门理论性极强的科学,是寓马克思主义哲学理论于历史之中的科学。

其二,关于研究马克思主义哲学史的方法论原则。根据马克思主义哲学史本身的特点,庄先生认为,必须坚持理论与实践、逻辑与历史、革命性与科学性相统一的方法论原则。

其三,关于马克思主义哲学史个案、断代与贯通评说。庄先生不仅深刻地阐明了马克思主义哲学史的特点及其研究的方法论原则,更通过扎实的研究做了诸多方面的开拓,这里既有个案、断代分析,也有贯通评论;既有人物、流派梳理,也有专题研究。

其四,关于马克思主义哲学史的学科建设。庄先生认为,人类经历的 20 世纪是在曲折起伏、动荡多变的情况下度过的。作为科学世界观和方法论的马克思主义哲学理应对本世纪错综复杂的历史作出科学的概括和总结,对资本主义和社会主义制度在本世纪的发展演变作出透彻的令人信服的分析;应能总结无产阶级在运用马克思主义哲学上的经验教训,从哲学上概括社会主义的建立、发展及其在某些国家兴衰变化的历史,并对本世纪发展所出现的重大问题,如科技革命、生态危机、人口压力、贫富悬殊等作出科学的说明和分析,等等。①

六、余源培

余源培,1956 年考入复旦大学哲学系。1961 年毕业后留校任教,并在职攻读哲学硕士研究生。1984 年被提升为副教授,1988 年晋升教授,1994 年被评为博士生导师。现任中国马克思主义哲学史研究会常务理事。他一直从事马克思主义哲学史、认识论和比较哲学的教学和研究。

余源培教授是我国"文革"结束后第一批从事马克思主义哲学史研究的学者之一。他参加了我国第一部《马克思主义哲学史稿》教材的编写。参加主编《马克思主义哲学史》(八卷本)第五卷。他和虞伟人主编的《马克思主义哲学的理论与历史》获得不少奖项。近年来,他特别侧重于对列宁哲学思想发展的研究。发表了《论马克思主义哲学发展史上的列宁阶段》、《列宁探索在落后俄国建设社会主义的指导思想》、《重评斯大林的列宁主义定义》等多篇论文②。

---

① 侯衍社:《由论入史由史立论——庄福龄教授的主要学术贡献和学术观点》,《高校理论战线》2004 年第 10 期。

② 晓华:《博士生导师余源培教授》,《复旦学报(社会科学版)》1994 年第 6 期。

七、何萍

何萍,女,哲学博士、武汉大学哲学系教授、博士生导师,1953年10月生于武汉市。现同时担任武汉大学马克思主义哲学研究所副所长、武汉大学妇女研究中心副主任、中山大学马克思主义哲学与中国现代化研究所兼职研究员、全国马克思主义哲学史学会常务理事、湖北省哲学学会常务理事、湖北省妇女理论研究会常务理事、武汉市人民政府决策咨询委员会委员。赴哈佛大学哲学系作高级访问学者。2000年9月赴美国参加第四届世界马克思主义大会、2003年8月赴土耳其参加第21届哲学大会。著有《人类认识结构与文化》、《中国传统科学方法的嬗变》、《生存与评价》、《马克思主义哲学与文化哲学》、《马克思主义中国化探论》(与李维武合著);参加黄枬森等主编《马克思主义哲学史》(八卷本)的编写工作,撰写第八卷中"马克思主义哲学在加拿大"部分。其对罗莎卢森堡哲学和女性主义的研究成果,受到国外专家的重视,产生了国际性影响。[①]

第二节　中国马克思主义哲学史学会

一、基本样貌

中国马克思主义哲学史学会于1979年10月在厦门宣告正式成立,首任会长是黄枬森、庄福龄、林利(初为马泽民)。1979年初于桂林全国《马克思主义哲学史》教材编写会议上发起成立,1979年10月于厦门在《马克思主义哲学史》教材编写初稿会议上宣告正式成立。最初名称为:全国马克思主义哲学史研究会,并同时成立了干事会和驻京干事会。研究会负责人(尚未称会长)

---

① 《何萍教授学术成就简介》,《山东社会科学》2010年第2期。

为马泽民、黄枬森、庄福龄,1981 年前后林利接替马泽民为研究会负责人之
一,1984 年研究会更名为学会并沿用至今。学会每隔 4—5 年进行换届,迄今
已历九届,第九任会长是郝立新教授,副会长是丁立群、张异宾、吴晓明、吴向
东、徐素华、聂锦芳、韩庆祥、魏小萍①。学会共有 8 个研究分会,即马克思恩
格斯哲学思想研究分会、列宁哲学思想研究分会、毛泽东哲学思想研究分会、
邓小平理论研究分会、"三个代表"重要思想研究分会、当代国外马克思主义
研究分会、应用哲学研究分会、经济哲学研究分会。近五年内学会新成立了四
个研究分会,它们分别是:2020 年 9 月 12 日成立当代文化哲学研究分会,丁
立群教授任会长;2021 年 6 月 19 日成立马克思恩格斯文本文献研究分会,魏
小萍研究员任会长;2021 年 12 月 19 日成立 21 世纪马克思主义研究分会,韩
庆祥教授任会长;2022 年 4 月 23 日成立中国马克思主义哲学研究分会,王立
胜研究员任会长。该学会是全国成立较早的学术团体之一,在中国马克思主
义哲学界、马克思主义研究界影响广泛,这两个学科最有成就的专家、学者几
乎都是本学会的理事,学会的成立有力地促进了中国马克思主义哲学的教学
和研究水平的提高。

二、成立初期与近几年研究论域的异同

该学会成立初期的主要论域有"马克思哲学思想的理论来源、世界观转
变过程和主要标志"、"马克思主义哲学的出发点是不是人"、"马克思实现哲
学革命变革与异化理论的关系"、"马克思晚年写作《人类学笔记》的动机"、
"马克思晚年关于俄国有可能跨越资本主义制度这个'卡夫丁峡谷'的观点问
题"、"马克思关于五种社会形态依次演进的理论是不是人类社会历史发展的
普遍规律"、"恩格斯哲学思想研究"、"关于恩格斯的两种生产原理"、"列宁
对唯物主义辩证法的核心和体系的思考"、"列宁反映论的评价"、"斯大林《辩

---

① 2017 年 7 月 24 日,在宁夏银川举行的"发展 21 世纪马克思主义哲学"理论研讨会暨中
国马克思主义哲学史学会 2017 年年会选举产生。

证唯物主义和历史唯物主义》的研究"、"《实践论》和《矛盾论》的再认识"、
"毛泽东对马克思主义哲学的贡献和晚年失误"、"毛泽东哲学思想与建设有
中国特色的社会主义理论的关系"等。①

这些题目当然也是与彼时的时代精神息息相关的，它们更多的是一些所
谓的"旧"问题，虽然迄今仍然没有人可以说它们是已经解决了的，但苏联东
欧哲学界早已详细讨论过它们也是一个基本事实。当时学界同侪对这些问题
的讨论与当下类似的再探讨有一些不同，当时主要还是向后看，即将研究的视
野瞄准了马克思文本。如于光远在1982年马克思主义哲学史学科年会上所
指出的：

> 研究哲学史都是有时间性的，历史是有时间性的。马克思主义
> 哲学的形成，它有时代性，马克思有马克思的时代性，列宁有列宁的
> 时代性，我们现代有我们现代的时代性。每个时代都需要这个时代
> 里的马克思主义的发展。当代马克思主义哲学面临的最主要的问题
> 是什么？现在讨论比较热闹的是马克思主义早期的哲学思想问题，
> 有关异化非异化，我怀疑这是不是最主要的问题。从现在的实际情
> 况看，我比较倾向于这样一种意见，马克思主义哲学要求在唯物主义
> 方面，在辩证法方面，更加彻底化，更加革命化。研究马克思主义哲
> 学史应当研究一些重要的问题，马克思主义哲学一百多年的历史，怎
> 样划分阶段，划分的原则，方法怎样，每段有些什么特征，马克思主义
> 哲学发展到一个什么样的阶段等等，这方面我们还要花很大的气力。
> 哲学史的研究不光是向后看，也要向前看，要联系当前的实际，研究
> 它的发展趋势，和时代的关系，它当前面临的问题，它的前途。②

人们当时还没有开始合理地怀疑俄国版马克思文本的合法性，仍然处在
当下看起来似乎是较低学术水平的一种争议。例如，全国马克思主义哲学史

---

① 黄楠森：《马克思主义哲学史》第7卷，北京出版社1989年版，第588—609页。
② 《全国马克思主义哲学史学术讨论会纪要》，《国内哲学动态》1982年第7期。

研究会首届年会讨论主要围绕一些当下看起来很"幼稚"的问题展开了讨论，诸如马克思主义哲学史是不是一门科学、马克思主义哲学史应该如何展开研究等。这里没有任何贬低学科前辈的意思，笔者想表达的意思是以上这些论域更多地透着浓浓的苏东学术气息，中国式学术味欠缺一些。

近十年的学术活动主要围绕着时代精神的落实展开。2009 年中国马克思主义哲学史学会年会的研讨主题是"新中国成立 60 年与马克思主义哲学的发展"，与会者围绕新中国成立 60 年来马克思主义哲学发展的基本经验和基本规律、马克思主义中国化与中国特色社会主义道路、马克思主义哲学史研究、马克思主义经典著作研究与教材建设、马克思主义哲学发展的方向和道路等问题进行了深入探讨。

2010 年中国马克思主义哲学史学会年会的研讨主题是"改革开放新起点上的马克思主义哲学"，与会者围绕会议主题从当代世界发展和我国改革开放进程中的马克思主义哲学、马克思主义哲学经典著作和基础理论研究、国外马克思主义研究、马克思主义哲学在当代中国的应用与发展四个方面展开了深入探讨和交流。会议以"改革开放的新起点"为主线，就对"新起点"的哲学把握、马克思主义哲学在"新起点"的新发展、新时期的马克思和恩格斯哲学思想比较研究、新时期的马克思主义哲学史书写方式、中国特色社会主义理论与毛泽东思想的关系、近年来我国的国外马克思主义研究，以及其他马克思主义哲学史学科研究的前沿问题和热点问题，展开了热烈的讨论。

2011 年中国马克思主义哲学史学会年会的研讨主题是"中国共产党 90 年与马克思主义哲学创新"，与会者围绕主题从马克思主义哲学与中国共产党的建设与发展、马克思主义与马克思主义哲学中国化的进程、经验和规律、90 年来中国的马克思主义哲学史研究、历史新起点上马克思主义哲学发展的方向、主题和路径等问题展开了深入探讨和交流。

2012 年年会研讨"马克思主义哲学中国化"。与会者围绕会议主题从五个方面展开了深入交流和讨论。

2013 年年会研讨"中国道路与马克思主义哲学研究"。与会者围绕贯彻落实十八大精神展开了探讨。

2014 年年会于 2014 年 7 月 6 日在黑龙江大学召开。来自国内的百余位学者围绕着"人·生态·发展——马克思主义哲学史的视域"这一主题展开了深入而热烈的讨论。会议主要议题有马克思关于人的问题、《1844 年经济学哲学手稿》的文献学问题及文本内容再阐释、当代生态问题与马克思主义哲学自然观的再认识,以及马克思主义当代前沿问题等。此次马克思主义哲学史年会的会议议题集中,主要是以马克思的《手稿》为文本依据的"人·生态·发展"这一主题,既突出了马克思思想的精髓,又触及了重大现实问题,具有综合性和现实性,彰显了理论与实际的结合。会议提出的《手稿》是马克思新哲学的"起点"、"转折点"的思想,得以较为集中和系统阐发的许多新观点、新思路,将成为实现马克思主义哲学创新的新起点,对于推进马克思主义哲学史研究具有重要意义。

2015 年年会于 7 月 4 日至 6 日在安徽大学召开。来自全国 70 多所高校和有关单位的 150 多位专家学者围绕着"马克思主义研究:经典与现实"这一主题展开了深入而热烈的讨论。会议主要议题有马克思主义经典著作研究、马克思主义理论问题研究、中国化马克思主义研究、国外马克思主义研究,并就此进行了分组讨论。此次年会以"马克思主义研究:经典与现实"为主题,既回归经典传统又走向现实创新,具有广泛的理论探讨意义。与会者普遍认为,马克思主义经典理论与当代社会现实的互动和结合,是马克思主义哲学创新发展的根本途径。会议还采取主题发言、分组讨论、大会总结相结合的方式,有利于大家畅所欲言、深入交流,使得本次年会取得了丰硕的成果。①

2016 年年会于 2016 年 10 月 22—23 日在南京召开,主题是"《德意志意识形态》与马克思主义哲学的当代发展"。

---

① 近几年学会年报,摘录自学会网站 http://www.cnmarx.org/show.asp? id=73。

2017 年年会于 2017 年 7 月 23—25 日在宁夏银川召开,主题是"发展 21 世纪马克思主义哲学"。

2018 年 9 月 22—23 日,"改革开放实践与中国马克思主义哲学发展"理论研讨会暨中国马克思主义哲学史学会 2018 年年会在广西南宁举行。

2019 年 7 月 20—21 日,"马克思主义哲学的发展与展望"理论研讨会暨中国马克思主义哲学史学会 2019 年年会在甘肃兰州举行。

2020 年 10 月 17—18 日,"中国马克思主义哲学的历史发展与当代构建"学术研讨会暨中国马克思主义哲学史学会 2020 年年会在贵州贵阳召开。

2021 年 10 月 23—24 日,"马克思主义哲学与中国共产党一百年"学术研讨会暨"中国马克思主义哲学史学会 2021 年年会"在福建厦门召开。

2022 年 11 月 26 日,"深入学习党的二十大精神　创新 21 世纪中国马克思主义哲学话语"学术研讨会暨中国马克思主义哲学史学会 2022 年年会在线上召开。

2023 年年会于 2023 年 4 月 28 日在云南师范大学召开,主题是"党的二十大精神的哲学意蕴"。

在举办年会的同时,每年还举行 1—2 次高端研讨会。参加研讨会的代表主要是常务理事,同时定向邀请对主题有比较专门研究的学者参加。

2018 年 3 月 17—18 日,纪念"真理标准大讨论"40 周年学术高峰论坛在江苏徐州隆重举办。

2018 年 8 月 1—3 日,"改革开放 40 年实践与马克思主义哲学创新"高峰学术论坛在乌鲁木齐召开。

2019 年 5 月 24—26 日,由中国马克思主义哲学史学会、《哲学研究》编辑部、东南大学人文学院联合主办的"对话《资本论》"学术论坛第 2 期以"《资本论》与马克思政治哲学学术研讨会"为主题,在江苏南京举办。

2019 年 12 月 27—28 日,"国家治理现代化理论与实践"研讨会在山西太原召开。

2020 年 11 月 5—8 日，"推进马克思主义哲学中国化、大众化"高端学术研讨会在云南大学召开。

2021 年 9 月 26 日，"七一"讲话精神与马克思主义哲学中国化高端学术研讨会在北京召开。

2022 年 11 月 6 日，"二十大精神与马克思主义哲学史研究"理论研讨会在线上召开。

从近几年学会年会讨论问题来看，一方面紧密结合最新时代精神展开，另一方面始终围绕着马克思文本展开。"回到马克思"与"马克思主义中国化"两条逻辑穿插于马克思主义哲学史学科发展历程之中。

第四章　研究新热点

我们从体例、内容、气象三个方面描述马克思主义哲学史下一步应展开的工作,新气象指引,新体例与新内容相互勾连,三者是浑然一体的,这也是从该体系 40 余年发展历程中合理地引申出来的东西。努力挣脱苏东学界在马克思主义思想史研究领域强加的意识形态构架之后,我国的马克思主义哲学研究学界必须向世人提供一种新的思想史研究和叙事类型。①

第一节　新体例:问题史,另一种书写方式

我国马克思主义哲学界通常采取经典作家言论按照时间一维方向排列以串行书写方式描述马克思主义哲学史,即将自马克思最初的中学毕业论文开始的时间流逝进程中实存过的经典著述逐一抽象并按哲学部类分解成条条块块,然后设定某一部著述作为马克思主义哲学史分期的标志。该写法导致对同一事同一人的看法分散在不同时段之中,阅者想了解某事则需要自行从每一个存有该事的时间格中提取出共同要素之后才能形成一个完整的印象。这种书写方式原本是欧洲哲学史长久以来的一般书写方式,被苏联、东欧哲学界

①　张一兵:《马克思哲学的历史原像》,人民出版社 2009 年版,"序言"第 1 页。

改造之后就显现出一种意识形态的色彩,传到我国后迄今也无大的改动。这种主流的方式就是这样一种以时间由远到近为经线、以马克思主义哲学创始人及其主要继承者的经典著述和革命实践为纬线,少许西方马克思主义哲学家思想点缀其中的串行书写方式。这种方式主旨是记人的言论,易写但不易突出马克思主义哲学史当中的聚讼纷纭,难以体现马克思与时代同行的气质。

我们可以将马克思主义哲学史中凸显至今的每一个大问题作为一个自成方圆故事,以多个聚讼纷纭的问题为引领是马克思主义哲学史的另一种书写方式,这种顺应了网络时代阅读习惯的书写方式以每一个问题作为一个自成方圆的故事,这样的书写方式适应了网络时代读者阅读的习惯,能将他们从马克思主义哲学史的时间海中拯救出来,而且在故事中马克思更像是我们的同时代人。

一、目前主流书写方式的不足

串行书写方式弊端主要有两个:首先,难以了解某事的全貌。如清代史学理论家章学诚所说:“纪传名篇,动逾百十,不特传文互涉,抑且表志载记无不牵连;逐篇散注,不过使人随事依检,至于大纲要领,观者茫然。盖史至纪传而义例愈精,文章愈富,而于事之宗要愈难追求,观者久已患之。”①即这种以时为纲的书写方式,不易突出马克思主义哲学发展历程中的诸多重大论争,读者为了了解某一件事的始末,必须熟读全文之后才能逐一从各个篇章当中去提炼该事的点点滴滴,最后才能汇总成自己对该事总的印象。其次,易造成一种惰性思维方式,人们不愿意进一步展开深度思想加工,不愿意对马克思主义哲学史上诸多论争进行提炼总结,甚至是有意回避,似乎这不是一个马克思主义哲学工作者应该肩负的社会责任。

马克思主义哲学史串行书写方式来源于马克思传记,最早发端于弗·梅

---

① （清）章学诚:《文史通义·卷七·外篇一》,辽宁教育出版社1998年版,第216页。

林的《马克思传》,该书不属于马克思主义哲学史专著,但可以认为它是一个相似的书写方式的开端。该书以马克思生平及其与恩格斯合作创立马克思主义理论的经过为主线,以时为纲渐次展现了马克思波澜壮阔的一生,其中当然充分解读了马克思在各时期的言行观点,而这同样是马克思主义哲学史描述的主要形制:经典言论与人物生平事迹的交相辉映以便取得总体上的理论丰满度。该书在内容上已基本上具备了日后苏联、东欧马克思主义哲学史家所构建的"马克思主义哲学史"或"马克思主义史"涉及马克思本人相关描述的主要元素:首先,马克思生平事迹;其次,马克思创立以他本人的名字命名的学说的"著述历程";最后,马克思在欧洲工人运动中贯彻自己学说的"实践历程"。串行书写方式大成于苏联人,1979 年,苏联科学出版社发布了由苏联社会科学院哲学研究所一干专家等编撰的第一部系统论述马克思主义哲学发展历程的通史,该书以时间为纵轴追溯马克思主义哲学诞生、发展和延续至今的轨迹。它是我国主流马克思主义哲学史著述的前导——即结合经典作家自身思想的发展与马克思主义哲学内蕴的诸范畴的流变史对马克思主义哲学史进行全方位的描述,以此展现一幅多姿多彩的历史画卷。迄今为止,我国主要的马克思主义哲学史著述都是不自觉地借鉴了苏联、东欧哲学家的写法,以革命导师言论观点为中心,以时间流逝为叙述的方向。

开我国马克思主义哲学史著述风气之先的中山大学版《马克思主义哲学史稿》是中国马克思主义哲学史书写方式类型之源,后继诸家基本都延续了相同的写法,主要区别只在于西方马克思主义者的哲学思想点缀在何处而已。该书简要叙述了从 19 世纪 40 年代马克思主义诞生到 20 世纪 50 年代斯大林这一时期马克思主义哲学思想的发展,不包括马克思主义哲学在中国的传播、运用和发展。该书以时为纲的写法一目了然,编者直接将时间起始放在每章节后面。全书分为马克思恩格斯阶段,具体有三个时间段:(1837—1848 年)、(1848—1871 年)、(1871—1883 年);然后是恩格斯阶段(1883—1895 年);其后该书增加了一个没有标注时间段的章节"马克思、恩格斯的学生和战友的哲学思想",也可以理解为恩格斯之后列宁之前时间段的马克思主义哲学的一些零星发展;再后是列宁阶段(1894—1903年)、(1903—1914年)、(1914—1917年)、(1917—1924年);最后是斯大林阶段(1924—1953年)。全书以经典人物著述发表或革命活动的某个时间节点作为划分马克思主义哲学诸多小阶段的标志,各个阶段首尾相连,编者由此试图去展现一幅马克思主义哲学发生、发展的历史画卷。宏大叙事淹没了很多问题,如果人们想在此中寻找诸如列宁在多大程度上传承了马克思哲学思想这样需要深度思想加工的问题的答案则相当棘手,人们至少从马克思阶段一直看到列宁阶段,然后才可能有所感悟。

起于20世纪80年代成于90年代中期的黄枬森八卷版《马克思主义哲学史》可以看成是当下众多马克思主义哲学史教程的学术版,它摆脱了教材在体量上的束缚,洋洋洒洒地叙述了自前马克思时期一直到我国20世纪90年代马克思主义哲学的发展历程。虽然编者说"八卷的顺序与时间的顺序不完全一致,这是为了保持马克思主义哲学史在不同时代、不同地区的特色"①,但总体而言它也是以时为纲的一部编年体马克思主义哲学史,只是将中山大学版《马克思主义哲学史稿》的时间首尾相连原则增补了一下。因为专门针对专业读者的缘故,该书不再在各章标题后标示具体的时间段。该书增加了"前言",即前马克思的德国哲学总结②,第二、第三、第四、第五章才正式进入到马克思主义哲学初创阶段,即青年马克思、恩格斯哲学思想伴随着剧烈变化的社会形势由懵懂升级为自觉的过程,时间内涵是隐含在经典作家著述发展之中的,实际上就是他们1848年之前的阶段;第六、第七章与马克思主义哲学初起阶段则对应了1848年之后马克思、恩格斯几部经典著述的发表。以经典著述发表时间代替了马克思主义哲学发展对应的时间段,类似写法贯穿了全

---

① 黄枬森、庄福龄:《马克思主义哲学史》第1卷,北京出版社1991年版,"总序"第2页。
② 这是当下马克思主义哲学研究的一个热点,搜寻青年马克思受到了哪些学术思想的影响。

书。要在这部体量惊人、编者众多的大书中寻找某个自己感兴趣事情的答案更是累人,特别是这个事情涉及前马克思时期、马恩列斯毛邓(该书只写到此)时期诸多章节中,阅者全文看完才能从各个时间储柜中抽取出与该事有关的线索,之后还需要再进行思想抽象才能得到一个对某事的完整印象,这与当下网络读者的阅读习惯已非常不符合了。

类似的情况还有很多,比如孙伯鍨先生及其学生的《马克思主义哲学的历史和现状》同样是写给专业学生作教材使用的,该书也采取类似的以时为纲的书写方式,总的时间顺序为 1837 年至第一次世界大战前夕(包括马克思、恩格斯阶段,列宁阶段的开端)、第一次世界大战至今(从列宁阶段到邓小平阶段)。将中国最新时代精神转化为马克思主义哲学语言表现出来,这也是中国马克思主义哲学史著述一种典型的创新方式。又如近年出版的何萍《马克思主义哲学史教程》(上下卷)尽管该书作者一再宣称要改变研究范式,也展现了"以问题为中心"的雄心,但书写方式与前辈先贤相比没有大的变化,依然是"马恩列斯毛邓"(该书只写到此)的串行书写方式。马克思、恩格斯阶段之后,加入了马克思、恩格斯弟子门生的著述描述,这一点类似八卷本《马克思主义哲学史》的写法;列宁阶段之后,加入当代欧洲、北美马克思主义学哲学描述;然后就转入马克思主义哲学中国阶段的描述,基本上仍然是人们非常熟悉的套路。与孙先生版本不同的是,该书将西方马克思主义哲学诸家著述融合进了全书结构中,而不是以附录面貌出现。虽然作者都有了改变写法的考虑,但事实上仍然沿用了传统的串行书写方式,同时也沿用了相似的弊端。

凡此种种,例证甚多。如果一个读者想要找到苏联哲学教科书引起的学界讼争,至少他要先回到恩格斯阶段,找到《反杜林论》看看其中的哲学篇是不是写了马克思哲学的提纲,然后再看看苏联人在 20 世纪 20—30 年代的努力,再次具体比较康斯坦丁诺夫所著教科书与我国早期和当下马克思主义哲学教科书是否真的长得相似,最后还要自行提炼改革开放之后我国学界对体系教科书的论争,由此才得到一幅比较完整的画面。这一切工作对一个想尽快了解专业知识的外行人来说这无疑是一件几乎不可能独立完成的事情,一个习惯了网络阅读方式的年轻人看来是绝不愿意做这样的事情的。

如果人们希望马克思主义大众化能够有更好的完成度,变更马克思主义哲学史书写方式是必须要做的事情,"问题的马克思主义哲学史"可帮助外行人快速完成了解马克思主义哲学发展历程中的诸多论争的心愿。

二、问题史的优点

以问题为引领的书写方式是对以时为纲书写方式的深度加工,它在实现自身的过程中使得哲学的韵味越来越浓、中国自信的彰显得愈发强烈。这样的转变不仅使得当下的年轻人能够快速地浏览马克思主义哲学发展历程中的众多重大论争,而且可以在社会主义国家马克思主义哲学史研究领域打上深刻的中国烙印。

首先,追问精神的回归。哲学是一门独特的学科,不仅因为它的内涵一直拒绝被人们彻底捕捉,也因为它总是喜欢向历史叩问未来。既然哲学的发展史就是问题的叠加史,如其所是地描述出来它就长成了问题史的"样子"。一般认为,真正的哲学问题是永远没有答案的,哲学家们只不过是尽其所能给出他们自己独特的解答方式而已,虽然没有解决问题,但人们在思考彼岸世界问题的时候思维水平得到了提高。哲学问题乃是人类永恒追求但却无法获得最终答案的"难题",我们对于哲学问题只能提出或采取这样或那样的解答方式,永远不可能给出一个确定无疑的终极答案。这看似哲学致命的弱点,其实恰恰是哲学的永恒魅力之所在。① 马克思主义哲学有指向明确的实践色彩,在其发展历程中伴随着社会主义国家群体的涌现一些经典理论得以实体化,这造成了人们的一种错觉:经典理论都可以在实践中逐渐实现自身。长久地看,这样的观点无疑是符合马克思主义理论的,问题迟早会得到解决。但人们

---

① 张志伟:《西方哲学问题研究》,中国人民大学出版社 1999 年版,第 4 页。

也无法否认经典理论本身及其后世理解也一直存在着不同的看法,马克思、恩格斯已无法再亲自回答人们的疑惑,由此留给后世无穷争论。持续地追问这些争论不休的问题,人们在学术意义上回归到了哲学最根底的内涵之中,哲学就是旧问题没解决新问题又累叠其上的一门学科。此外,新书写方式使得马克思主义哲学史著述从定稿变为了未定稿,这即使对于本学科的专业学生来说也是一种启发:哲学没有什么问题可以肯定地说是已经解决了的。

其次,中国自信的彰显。很多年前,中国哲学界就酝酿着要在马克思主义哲学领域去苏联化,人们无法想象当今最强盛社会主义大国没有掌握该学科研究的"核心技术"。一个常识性知识是,我们马克思主义哲学、哲学史教材的基本框架来自苏联,包括了当下正在使用本科生《马克思主义基本原理概论》当中的哲学、政治经济学、科学社会主义三大部分的基本框架都借鉴了苏联人很多东西,我们的马克思主义哲学史的建设也得益于苏联人在20世纪50年代的直接授课、对70年代苏联马克思主义哲学史著述的借鉴,苏联痕迹迄今难以撼动。如果说马克思主义哲学基本原理的框架来自恩格斯,人们难以无法进一步追问,但对出自苏联东欧理论家手笔的马克思主义哲学史理论框架迄今仍然不进行深度改造就令人费解了。中国自信意味着我们各行各业都掌握着具有中国特色的核心技术,只有如此才使得人们自信满脸。正如习近平总书记所指出的:

> 我国是哲学社会科学大国,研究队伍、论文数量、政府投入等在世界上都是排在前面的,但目前在学术命题、学术思想、学术观点、学术标准、学术话语上的能力和水平同我国综合国力和国际地位还不太相称。要按照立足中国、借鉴国外,挖掘历史、把握当代,关怀人类、面向未来的思路,着力构建中国特色哲学社会科学,在指导思想、学科体系、学术体系、话语体系等方面充分体现中国特色、中国风格、中国气派。①

---

① 《习近平谈治国理政》第二卷,外文出版社2017年版,第338页。

马克思主义哲学史的书写方式不仅是一种叙述的体裁，也能从中折射出研究者的精气神。

再次，符合网络时代人们阅读习惯。近几年来，随着智能手机的大规模兴盛，人们使用因特网的时间越来越多，而花在其他媒体的时间却有逐渐递减的趋势。就阅读而言，网络媒介的兴起带给了印刷媒介极大的冲击，尤其是在互动阅读方面所提供给读者的主动性优势，更是传统线性阅读方式所望尘莫及。此外再加上网络通讯科技的推波助澜，已然形成数字时代一股无法抵挡的大众阅读新趋势。一般而言，网络上的读者习惯以跳跃式的方式进行数据内容的阅读，并以快速浏览的方式搜寻关键词且在讲求效率的现代社会中，人们往往是选择性地阅读所需的部分，而甚少将整份读物从头到尾看完。一个又一个可读性强的故事，外加网络给予读者的掌控权和一种"好玩儿"的心态，马克思主义哲学问题史的书写方式能做到这一点。

最后，实现马克思主义大众化的一种实现途径。让更多的人了解马克思主义理论无疑是马克思主义大众化的主要内涵，这就隐含了因应最新时代精神的变化作出传播途径改变的要求。在快餐文化是贴合网络特性的时代潮流的今天，马克思主义理论必须投身历史洪流当中，它必须以一种更易被读取、更易被快速理解的新面貌出现。使用新的书写方式撰写的马克思主义哲学史著述对门外汉来说更像是一本故事书，聚焦式的写法能使得他们不需要通览全书就能快速了解某事的梗概，他们眼里看到的是一个又一个故事，通过这些通俗易懂的故事，年轻人们可能会不自觉地受到了马克思主义理论的影响，有利于大众快速理解主流价值观的来龙去脉。

三、问题史的框架

能成为马克思主义哲学史新书写方式中的故事，它至少应该具备以下三个特征：首先，当事人已无法亲自作答，答案暂时存在于彼岸世界；其次，聚讼纷纭，牵一发动学科全身；最后，诸家的争论可以激发新的学科研究增长点。

符合这三个标准的故事很多,比如马克思与恩格斯哲学思想是否完全等同,苏联教科书体系之争、马克思主义哲学的"科学抑或哲学"属性之争、马克思主义哲学是否存在人学空场,马克思著述的编撰,等等。问题史的框架就是由这些一个又一个描述问题的故事支撑起来的,叙述的顺序不再需要按照时间流逝的方向串行排列,每一个故事都有天有地、自成方圆。

其一,马克思与恩格斯的哲学思想是否完全等同。这个故事不仅可以浓缩了中西方之间的哲学争论①,还可以将改革开放前后三十年思想领域指导思想变化串联了起来。这个问题在苏联人那里压根就不是问题,他们一开始就以一种简单化方式处理,或者说是为统一思想的需要,人们直接认定二者思想上没有任何差异。但简单化的处理显然也要经受眼界已开的中国哲学家的追问,俞吾金就指出:"就马克思个人来说,他青年时期的思想与成熟时期的思想之间也存在着差异,更何况马克思和恩格斯是两个人,他们在学术研究上也有不同的侧重点,所以在哲学思想上存在着差异是十分自然的。"②支持二者思想无差异的中国学者看起来更多一些,争论双方都引经据典地佐证自己的观点,但似乎没有哪一方有取得胜利的可能。这个问题看来永远都不会有所谓正确的解答了,因为需要马克思、恩格斯本人亲自作答,但他们已无法亲自解惑了。在当事人看来很简单的事情,流传后世却可能成为争论不休的问题,每一个公认的大哲学家身后都有类似的故事。

其二,马克思主义哲学体系之争。这是一个牵一发动学科建设全身的大问题,也是涉及马克思主义哲学能不能被作为一门成熟学科看待的基础性问题,通过这个故事人们可以很快了解到马克思主义哲学学科建设一个世纪的全貌。人们的争论看来短期内难以达成共识,但争论却增加了人们新的研究兴趣点:接受了苏联体系专业训练的中国哲人果真能突破自己的思维定式形

---

① 这场争论甚至可以作为一把学术的"标尺",可以清楚地看到国内两派学者谁更倾向于苏联谁更倾向于西方马克思主义。

② 俞吾金:《论恩格斯与马克思哲学思想的差异》,《江苏社会科学》2003 年第 4 期。

成新质的体系吗？人们争论的核心聚焦于苏联哲学体系是否如其所是的——对应了马克思哲学的内容？苏联哲学体系是否已走向了其宗旨的反面？在我国，同一哲学研究需要体系的看法可以形成一般认识，黑格尔在《小逻辑》当中就明确指出过这一点，黄枬森也再次强调过："思想体系是任何一门科学都不能不具有的东西，是任何学科建设都不能回避的问题，哲学也不能例外。在人类科学史上，一门新科学的诞生至少要具备三个条件：明确的对象、真实的内容和合理的思想体系。"①马克思主义哲学是有体系的争论不大，但苏联人是否真的面面俱到地提炼出了马克思主义哲学的逻辑体系、这样的逻辑体系是否已成为束缚人们思想的枷锁则始终有不同看法。高清海就明确指出："体系的规定性表现了体系的两重性。正是由于体系具有如此重要的规范意义，反过来，它也就具有了对内容的限定作用而很容易被凝固化，甚而被僵化。愈是完备的严密的体系，也就是说理论愈是原理化、规则化、系统化，它也就愈具有拒斥力、封闭性，难以接纳新的知识内容。"②当下时兴的总体马克思主义研究就是一种更新苏联体系的努力，但似乎还是看不到有挣脱苏联体系的可能性。人们浏览这则故事的时候，可能会在脑海里升腾起苏联人与中国人面对面争论的场景，还有马克思对争论很着急的"样子"。

其三，马克思主义哲学"科学抑或哲学"属性之争，即马克思主义哲学是科学还是哲学，抑或既是科学又是哲学？这个故事能让人们了解"科学"、"哲学"的一般内涵，以及马克思与德国旧哲学体系的关系、了解西方马克思主义者对苏联哲学界的批判。人们争论的根源在于如何理解马克思本人对自己所创造的新哲学与德国旧哲学关系的表述，即《关于费尔巴哈的提纲》里那句"哲学家们只是用不同的方式解释世界，问题在于改变世界"，曾经的主流文本解读倾向于理解为马克思要通过哲学的"实现"达到"哲学的末日"。"科

---

① 黄枬森：《马克思主义哲学体系的当代构建》（上），人民出版社2011年版，"序言"第3页。

② 高清海：《时代需要我们去创新学科体系》，《社会科学战线》1995年第6期。

学"一般可理解为有条理的知识,而旧哲学的核心部分是无条理的形而上学,更重要的佐证是马克思主义哲学正确地揭示了人类社会发展的科学规律,所以它是科学。后世对此问题代代相传的理解主要就是这两点,进而形成一种总的思维:马克思"消灭了"旧哲学,然后凤凰涅槃成为一门科学。这个问题同样起源于苏联哲学家的理解,然后经历了西方马克思主义者的转引,由此拉开了被追问和质疑的序幕,我们当下的争论只是"接着讲"。苏联人此说的提出既有理论的思考,更多的应该是社会实践的需要。苏联人需要用马克思主义哲学作为唯一的学说,避免不必要的争议,就简单化地指认马克思主义哲学是科学。如一位苏联哲学家所说:"在十月革命之后不久,苏联一些马克思主义者坚持认为马克思主义不应该被看作是哲学。1922 年,O.Minin 撰文《抛弃哲学》时指出不仅仅是宗教,哲学也应该被彻底消灭。虽然普列汉诺夫和列宁都曾指出马克思主义是哲学,但这样的提法仅仅是他们的笔误而已。事实上,他们也认为马克思主义是科学,不是哲学。"①卡尔·柯尔施在《马克思主义和哲学》中首次明确地将"马克思主义跟哲学和科学的关系"作为一个问题提了出来,路易·阿尔都塞则将消灭哲学作为苏联人试图建立教条主义的一个理由进行批判,他明确指出:"哲学作为实用主义、宗教或实证主义而死去不能算是哲学真正作为哲学而死去。"②由于马克思主义哲学强烈的实践特性,人们必须首先承认它是科学,然后才能说它是哲学。

其四,马克思主义哲学体系中存在着人学空场吗? 这个故事能让人们了解"人"是什么、人学研究什么以及马克思主义哲学一些基本概念因为可能的误解造成的对普罗大众绵延几十年的理解,也可以了解苏联式人学研究的特点,可以了解西方马克思主义者既声称理解了马克思又坚持西方哲学学说的双面形象。对马克思主义哲学"见物不见人"的印象长久地存在于普罗大众的脑海里,不管专业学者如何解释,其中的一些理论要点都能够给予大众类似

---

① *Russian philosophy*, Frederick Charles Copleston, The Tower Building, New York, 2003. p.316.
② [法]阿尔都塞:《保卫马克思》,顾良译,商务印书馆 2006 年版,第 10—11 页。

的印象,比如"物质决定意识"、"人类社会发展规律铁的必然性"等表述。这样的争论起源于西方马克思主义者,他们最初指责的对象是苏联的马克思主义哲学体系,到我们这里才逐渐演变为马克思主义哲学体系是否存在一个所谓的人学空场的争论。萨特认为苏联马克思主义哲学体系是"非人"的哲学,因为该体系完全将人的灵动性排除在历史进程之外。他不能理解的是:不重视个人的存在,社会如何发展? 既然一切社会发展都具有铁的必然性,那么人的存在还有何意义呢? 在萨特看来,苏联东欧式的马克思主义过于关注社会历史的结构层面,相应地就忽视了对具体对象(个人)的微观研究。他认为,"具体的马克思主义应该深入研究实在的人,而不是使他们在硫酸溶液中解体。"①

其五,马克思著述编撰的历程。读者可以通过这则故事快速了解"尼伯龙的宝藏"在马克思、恩格斯身后颠沛流离的过程、西方哲学界对苏联式编撰的不满、中文两版《马克思恩格斯全集》翻译和出版的过程,目前我国是否已跟上了国际学术界对马克思、恩格斯著述翻译出版的步伐,等等。该故事不仅能唤起我国学者对基础性资料收集翻译的热情,也能持续激发人们阅读经典著述本文的兴趣。

符合条件的问题还有很多,如果将这些问题集中地展现出来,就构成了一个又一个让人们快速了解马克思主义哲学发展历程的小窗口。

让马克思"活"起来,这就是使用新写法的最根本目的。马克思已不能亲自回答问题,苏联人对马克思学说的解读肯定有误会,我们对马克思学说的解读也肯定有误会,各种误会及其叠加恰恰就是哲学研究的主要魅力所在,但解蔽的工作还是要持续有人去做。人们通过观看诸学派的聚讼纷纭,间接地了解到了马克思主义哲学的特性和基本原理。

哲学问题是不可能被消灭的,当代人很难说我们比亚里士多德更理解哲

① [法]保罗·萨特:《萨特哲学论文集》,潘培庆、汤永宽、魏金声等译,安徽文艺出版社1998年版,第40页。

学,人们在思考这些问题时,也可能是旧问题未解决又增加了新的思维困顿。我们提倡新的书写方式,并非要消灭问题,而是让它们自在地存在着,把思考的权利交给读者。

问题史的写法当然也有其缺点,比如说会造成读者疏远了马克思的本文,人们更乐意使用一种快速方式去了解马克思主义哲学,即使符合了当下的时代潮流,但也仍然是一种缺陷。

我们提倡马克思主义哲学史新书写方式并不意味着要否定以时为纲的"正史"写法,我们也认为那是一种按照自然而然的顺序如其所是地书写马克思主义哲学发展历程的好方式。我们提倡的新书写方式是对传统方式的深度加工,同样是基于理解了学科传统写作范式之后才能完成的。

第二节　新内容:狭义马克思主义世界观的谱写

八卷本《马克思主义哲学史》第一卷"导言"如是说道:"世界观,或曰宇宙观,是马克思主义哲学史的核心部分,它的历史在马哲史中居于主导地位。大家知道,世界观在整个中外哲学史上都居于主导地位,有第一哲学、纯粹哲学之称,历史上重要的思想家无不有其世界观的根据。今天仍然如此。"[1]我们所谓的"新"内容实际上并不新,我们只是把被冷落的旧理论重新讲一遍而已。将狭义马克思主义哲学界观加入新马克思主义哲学史当中,目的有二:首先是从另一个视角动态看待马克思主义哲学发展历程,其次是贯彻前述新体例的要求,以人物或故事为中心,让读者能更快地了解经典作家的思想变化及其缘由。

特别要说明的是,我们所谓的"狭义马克思主义世界观"并非指"辩证唯

---

[1]　黄枬森、庄福龄、林利:《马克思哲学史》第1卷,北京出版社1991年版,"导言"第2页。

物主义",那样就显得题目太大了,我们是在狭义的意义上去研究马克思主义世界观,即构成马克思主义哲学基础的信念拼图体系。即我们认为马克思主义世界观指的是自恩格斯在《反杜林论》《路德维希·费尔巴哈和德国古典哲学的终结》等著述中阐发并被随后的继承者们弘扬的无产阶级思想和实践规范,即无产阶级对宏观宇宙和客观物质世界变化运行机理的理解并由此延伸出来的对人类社会生产和政治等活动之规律的认知所组成的信念体系,其逻辑结构像一幅拼图,构成拼图的数百个信念环环相扣、相互支持,其理论内涵在风行社会主义国家近一个世纪的哲学教科书中从未被明确和完整地表述过,以其为单一研究对象的中外文专著迄今未有。

世界观研究是哲学领域里永恒主题,即使质疑者(胡塞尔:《作为严密科学的哲学》)也难以否认这一点。现代意义上的世界观概念肇始于康德,其初始意并非我国通用哲学教科书所说的"对世界的总体认识"而是指对单纯现象的感性认识(《判断力批判》),海德格尔将其理解为"深刻思考呈现于感官的那个世界"(*The Basic Problems of Phenomenology*),随后历经费希特、谢林、黑格尔的诠释,其含义由对宇宙的感性知觉提升为对宇宙的理性知觉。世界观概念激发了德语知识界的想象力,马克思主义世界观即是此路径的"接着讲"。

马克思主义世界观经过国内外几代学者的研究已初具规模,但将马克思主义世界观当作一个元理论并对其自具系统的学术生命体进行"解剖"分析其逻辑结构和内涵流变因素的研究并不能令人满意,还需要进一步努力:首先,元理论缺乏。由于广义马克思主义世界观长期遮蔽而导致狭义马克思主义世界观不能作为单一对象展开研究,它的起源、内涵、层次结构和学理气质混沌不清。其次,缺少动态目光。体现在马克思主义世界观由德国古典哲学到恩格斯、恩格斯到列宁、斯大林到当代中国三个环节均缺乏动态观察的视角,似乎马克思主义世界观从一开始就是如此的,由此造成了人们只知有"点"不知有谱系的印象。再次,对同一套文本的不同解读导致结论相左。业界对马克思主义世界观的争论集中在马克思、恩格斯的几部著述《共产党宣言》《反杜林论》等,由于立论不同而导致理解差异。最后,极少涉猎其他四个社会主义国家学者(尤其是老挝)观点。较少考察其他社会主义国家对马克思主义世界观的理解,事实上他们的马克思主义世界观与本国特色指导思想的融合极具特色。

一、马克思主义世界观研究述要

专题研究国外研究有三个方面,国内有两个方面。

其一,当代国外马克思主义世界观研究按研究对象的差异分为西、日、马三类:

第一类是当代欧美研究聚焦于马克思恩格斯从经济学批判转向马克思主义世界观的历程及其逻辑,McMurtry;John Murray(1978)、[德]费彻尔(2009)。

第二类是当代日本研究聚焦于物的世界观与马克思主义世界观关系,湯川秀樹(1950)、田中耕太郎(1951)、广松涉(1975)。

第三类社会主义阵营研究普遍以诠释作者同时代精神为主题,[苏]巴维尔金(1956)、[苏]康斯坦丁诺夫(1958)、[苏]弗罗洛夫(1990)、[越]阮氏贵(1984)、[越]黎英色(1992)、[越]范氏銮(2011)、[古]阿莱霍·卡彭铁尔(2013)。

其二,国内马克思主义世界观研究有两大块共四个方面:

首先,马克思主义世界观演变轨迹研究聚焦于马克思恩格斯文本解读,余源培(2010)、陈唯实(1937)、孟庆仁(1991)、孙晓毛(2001)、王兴嘉(2001)、王成艺(2006)、戴晖(2006)、郭忠义(2014)、徐军(2015)、张驰(2016)、梅荣政(2017)。

其次,马克思世界观研究,徐崇温(1996)、牛欣芳(1960)、丹枫(1963)、杨耕(1996)、高光(1987)、刘荣军(2005)、杨端茹(2006)、周书俊(2009)、曹典顺(2009)、张友群(2010)、涂用凯(2010)、周树智(2012)、边立新(2013)、孙旭武(2014)、宫敬才(2015)、郗戈(2016)、陈中奇(2017)、宋友文(2017)、杨荣(2017)、邹广文(2017)。

再次,对毛泽东至习近平世界观理论研究,李光耀(1993)、吴清安

(1993)、胡军(1995)、冉占国(1996)、陈挥(1998)、陈志尚(2001)、纪光欣(2002)、吴易风(2003)、王锐生(2003)、辛世俊(2006)、郑吉伟(2006)、张玉良(2008)、刘慧(2008)、吴志攀(2008)、刘景钊(2009)、罗映光(2009)、查振华(2009)、巴殿君(2009)、苏雯(2010)、郭祥才(2012)、刘建军(2013)、尤权(2014)、董振华(2016)、秦书生(2016)、郭凤海(2017)。

其三,既涉及广义也涉及狭义马克思主义世界观①内容的研究按对苏联哲学态度分为两条路线:一是传承自苏联的传统路线(黄枬森2001等),即承认"哲学就是系统化理论化的世界观"、"辩证唯物主义是马克思列宁主义党的世界观(斯大林)"等观点;一是所谓反思路线(如高清海、孙正聿2007等),他们质疑世界观与哲学直接画等号且认为"马克思主义世界观是历史唯物主义"。这场学讼两派集中在北京大学和吉林大学,可称为"北吉之辩",他们都认为马克思主义世界观是马克思主义哲学的一个部类,但对于其归属于辩证唯物主义还是历史唯物主义则各执一端,归根结底是对待苏联哲学的态度问题。

马克思主义世界观经过国内外几代学者的研究已初具规模,但将马克思主义世界观当作一个元理论并对其自具系统的学术生命体进行"解剖"分析其自身逻辑结构和内涵流变因素的研究并不能令人满意,还需要进一步努力。

首先,元理论极少。由于广义马克思主义世界观长期的遮蔽而导致狭义马克思主义世界观长期不能作为单一对象展开研究,它的起源、内涵、层次结构和学理气质混沌不清。其次,对同一套文本的不同解读导致结论相左。业界对马克思主义世界观的争论集中在马克思、恩格斯的几部著述《共产党宣言》、《反杜林论》等,由于立论不同而导致理解差异。再次,斯大林文本备受冷落。国内业界主流给斯大林其人其文定性"三七开"且认为没有太大的现实研究意义,事实上我们手头的中文版《斯大林全集》并不全,俄罗斯共产党迄今仍然在完善其俄文版,但似乎已没有中文出版社愿意接着出版了。最后,

---

① 所谓广义马克思主义世界观指的是辩证唯物主义,狭义马克思主义世界观与之相对,其更强调微观性的由诸多信念构成的信念拼图。

极少涉猎其他四个社会主义国家学者的观点。较少考察其他社会主义国家对马克思主义世界观的理解,尤其是对老挝指导思想的研究亟待加强,事实上他们的马克思主义世界观与本国特色指导思想融合极具特色。

该课题相对于马克思主义哲学史研究的独到学术价值和应用价值有两方面,第一,其学术价值,首先,建立元理论。解构马克思主义世界观拼图式结构与分析其流变轨迹,以马克思主义哲学二级学科的建设标准对其构建一整套的学术规范,使得学界达到一定的自识。其次,回到恩格斯。回到恩格斯文本,从以恩格斯之"眼"看马克思创立无产阶级规范的视角出发探讨由恩格斯创立并被随后社会主义阵营赋予不同时代内涵的马克思主义世界观。再次,回到斯大林。动态看待斯大林"辩证唯物主义是马克思列宁主义党的世界观"论断,关注由此引发的绵延数十年的"辩证唯物主义"或"历史唯物主义"何者是广义马克思主义世界观的国内哲学论辩并给出其对狭义马克思主义世界观研究有何影响的解答。最后,横向比较。研究越南、朝鲜、古巴、老挝的本国特色指南与马克思主义世界观的关系,并横向比较五个社会主义国家对马克思主义世界观理解异同。第二,应用价值。首先,有利于我国马克思主义哲学教科书的编撰。编撰不仅有我国特色也有一般性的马克思主义哲学教科书是国内几代学人的夙愿,而建立马克思主义世界观元理论、回到恩格斯和回到斯大林的努力,能让我们对马克思主义学科的一些固有提法有更深的认识,能为建设我国特色哲学教科书做一些前期铺垫。其次,有利于加强我国思想政治教育教学和研究。弗洛伊德认为,世界观是一种思想的构造,人们相信某种世界观体系就会有安全感,也因此有了奋斗的目标。我们的研究将开显世界观内部结构,能部分解答人为何有信仰、如何教化人建立信仰等问题。此外,马克思主义世界观内涵演变史、其他社会主义国家对马克思主义世界观的独特理解能为高校思想政治教育四门课程教学提供生动有趣的素材。

我们设想将马克思恩格斯列宁直至习近平的世界观理论以编年体例串联起来讲,读者可以透过这样的方式加深对马克思主义哲学史动态画面的把握。

二、世界观:"北吉之辩"的扭结及其解读

"北吉之辩"论辩双方都是根据恩格斯原话建构自身的世界观理论并质疑对方的理解有误,其扭结在于世界观的属人性抑或属物性,即马克思主义哲学中是否有"人"及其与物的关系。从恩格斯、列宁、苏联哲学家、中国哲学家的哲学史顺序看该论辩是对苏联人哲学论争的"接着讲",争论折射的是时代精神变化的光晕。如果将世界观理论视为马克思主义哲学中的核心部分,它的内涵及其内部诸要素之间的逻辑关系仍然是需要持续探讨的,双方的论辩为该领域的研究开了一个好头。

所谓"北吉之辩"指的是北京大学与吉林大学两个马克思主义哲学团队围绕着马克思主义世界观的立论根据、内容和属性所展开的争论,双方围绕着马克思主义世界观的主要内容是辩证唯物主义抑或历史唯物主义的、人与物的相互关系是怎样的、苏联人对恩格斯学说是否理解正确等问题展开了隔空论辩,笔者将这场学讼简称为"北吉之辩"。

从哲学史的顺序来看,这场争论是对苏联人相关争论的"接着讲",苏联人的争论没有结论,我们也不会有,但其涉及了哲学元问题因而有必要对此加以持续的考察,力争使之达于某种自识,从而有助于这一能启发智慧提升认知能力的研究领域的发展。

1. 北吉之辩

这场争论①主要涉及三个人:黄枬森、高清海和孙正聿,自 20 世纪 80 年代起是黄高之辩,随后是黄孙之辩。论辩双方都是从恩格斯的原话入手,结合《反杜林论》和《费尔巴哈与德国古典哲学的终结》等著述展开自身理论构建。

他们的争论主要涉及两个层面的问题:马克思主义世界观的内容是什么、

---

① 争论者众多,但就其社会影响力而言最集中的是北京大学黄枬森与吉林大学高清海、孙正聿之间的争论,所以将这场争论命名为"北吉之辩"。

马克思主义哲学中"人"与"物"的关系、苏联人对马克思学说的提炼是否成立,这三者是紧密捆绑在一起的,怎么看待马克思主义世界观就会怎么看待人、怎么看待苏联哲学家的工作。

首先,马克思主义世界观的内容是什么。这里涉及几个纠缠在一起的问题,即马克思主义哲学当中有没有"辩证唯物主义"的位置、辩证唯物主义与历史唯物主义的主次关系、马克思是否彻底扬弃了旧哲学当中的本体论,等等。

黄枬森认为马克思主义世界观就是辩证唯物主义,马克思主义哲学由三个部分构成:世界观、认识论和历史观,且三者的关系是非常明确的,世界观(即辩证唯物主义)是哲学总体,历史观和认识论是其分支或称为部门哲学。马克思主义哲学从世界观开端,世界观又以物质范畴为开端,从抽象到具体、从简单到复杂,逐步展开,基本上呈现出一个合理的思想结构。①

这是黄枬森在不同场合不同论述反复提及的一个观点,从中我们可以看到他对辩证唯物主义和历史唯物主义主次关系的一个明确排序:辩证唯物主义就是马克思主义世界观,唯物史观仅仅是该世界观在人类历史领域的贯彻和应用。从"物高于人"的视角出发,黄枬森对人与社会关系的论断是显而易见的:

> 人与社会是相互依存的。在阶级社会里,个人利益与社会利益不一定一致;在社会主义社会里,个人利益与社会利益也只能做到基本一致,不可能做到完全一致,在不一致时,就有一个以人为本还是以社会为本的问题,即把个人利益还是社会利益摆到前面的问题。马克思主义社会主义当然是把社会利益、国家民族利益摆到第一位,而不是把个人利益摆到第一位。马克思主义社会主义的基本原则是社会本位主义而决不是个人本位主义或人本主义,以人为本不是马

---

① 黄枬森:《马克思主义哲学体系的当代构建》(上),人民出版社 2011 年版,"序"第 6 页。

克思主义的核心。①

高清海持对"世界"的看法是另一种观点,他眼里的世界应该是"借以发挥主观创造作用和满足主体需要的意义、价值世界"②,他认为如果再强调从物质范畴出发就会模糊甚至抹杀马克思学说的特质,他指出:

> 旧体系把自然、社会和思维三者看作"世界整体"的代名词,强调哲学是研究整个世界的本质和规律,而不是以人为主体研究主观思维与客观世界相一致的规律。以此去区别哲学与各门科学的不同、安排马克思主义哲学各部分的内容,这样的结果,就造成在有关唯物主义和辩证法的许多问题上沿用了早已为科学的发展所否定了的旧哲学的提法,例如,追求"世界的本原是什么"、"世界万物归根到底是个什么东西"、"整个世界的本质是什么"以及"万物普遍联系的体系如何"等等问题。这些问题不是不能回答,只是它并非哲学所能回答的,而是要由全部科学在不断发展中去加以回答的。哲学的任务不是要为这些问题提供答案,而是要为科学获得这些答案指明认识的道路和提供思维的方法。马克思主义哲学的物质概念的基本作用就在于此。如果把"物质"概念看作是对上述问题的答案,那就不但使人感到除了空话丝毫没有解决问题,而且也会使人对马克思主义哲学形成一种不正确的看法。③

他在阐发此类观点的时候一般都伴随着对苏联哲学的批判,即以往的教科书主要是从自然进化产物、物质世界组成因子、生产力要素、社会关系载体等观点去讲述人的,这就使人完全失去了"主体"的地位和性质④,他始终不认

---

① 黄枬森:《黄枬森文集》第5卷,中央编译出版社2011年版,第395—396页。
② 高清海:《高清海哲学文存》第3卷,吉林人民出版社1997年版,第5页。
③ 高清海:《找回失去的"哲学自我":哲学创新的生命本性》,北京师范大学出版社2004年版,第86—87页。
④ 高清海:《高清海哲学文存》第5卷,吉林人民出版社1997年版,"前言"第11页。

可苏联人对马克思学说的提炼是正确的,因为苏联人的"教条主义"表现的正是传统抽象理性主义的思维本质、理论态度,也就是传统哲学的世界观①。

高清海认为世界观任务并不是要把局部领域的认识综合起来,作出关于整个世界的完整陈述,即解决部分和整体或个别和一般的矛盾,而是主要解决由于人的实践活动和认识活动所分裂的属人世界与自然世界、主观世界与客观世界的矛盾②。从这个观点出发,孙正聿更明确地指出了马克思主义世界观只能是历史唯物主义,他指出:

> 并不存在离开"现实的人的意识"与"现实的人的生活过程"的、抽象的"意识"与"存在"的关系;离开"历史的进程"去说明"意识"与"存在"的关系,只能是"把理论引向神秘主义的神秘东西";只有从"历史的进程"中提出和回答"意识"与"存在"的关系问题,才能"在人的实践中以及对这个实践的理解中",使这个问题"得到合理的解决"。由此可以明确:离开"历史的进程"而提出"意识"与"存在"的关系问题,这是马克思主义以前的全部旧哲学;以"历史的进程"为出发点而提出"意识"与"存在"的关系问题,这才是马克思和恩格斯的世界观——历史唯物主义的世界观。③

他认为人们如果从"改变世界"的哲学立场去理解哲学的"世界观理论",人们首先就会超越对人与世界之间的简单的、二元理解,提出构成"世界观"内在矛盾的三个基本概念,即"自在世界"、"世界图景"和"人类把握世界的基本方式"。人类以自己"把握"世界的基本方式为"中介"而与世界发生关系,这表明人是历史的、文化的存在,人的"世界图景"是与人的历史性的存在与

① 高清海:《找回失去的"哲学自我":哲学创新的生命本性》,北京师范大学出版社 2004 年版,第 23 页。
② 高清海:《找回失去的"哲学自我":哲学创新的生命本性》,北京师范大学出版社 2004 年版,第 112 页。
③ 孙正聿:《历史唯物主义与哲学基本问题——论马克思主义的世界观》,《哲学研究》2010 年第 5 期。

发展密不可分的,因此,不能从"纯自然"的观点去看待人与世界的关系,而必须从历史的、文化的观点去看待人与世界的关系,合理的"世界观理论"只能是从恩格斯所说的"现实的人及其历史发展"出发而构成的哲学理论。而作为"世界观理论"的哲学,它是从"思维和存在"、"人与世界"的"关系"出发,以人类把握世界的各种方式所构成的"世界图景"、"思维方式"、"价值规范"为对象,批判性地"反思"各种不同的(同时态的和历时态的)"世界图景"、"思维方式"和"价值规范",为人类提供自己时代水平的真、善、美的观念。这就是哲学的"世界观理论"——从总体上理解和协调人与世界相互关系的理论。① 在他看来,在马克思主义哲学中只有历史唯物主义能当此重任:

> 传统哲学教科书的根本问题,在于其关于世界观的解释原则,即:它是否超越了旧唯物主义的"客体的或直观的"解释原则,而贯彻了马克思主义的"实践"的或"人的感性活动"的解释原则。因此,传统哲学教科书的深层的理论困难在于对如下问题的理解:人对世界究竟是怎样的关系,究竟应当以怎样的解释原则来构建合理的世界观;或者说,马克思主义哲学究竟怎样理解人与世界的关系,马克思主义哲学究竟以怎样的解释原则构成自己的世界观。正是针对世界观的解释原则,我才提出"历史的唯物主义与马克思主义的新世界观"的问题,并得出历史唯物主义就是马克思主义新世界观的基本结论。②

相同的经典作家原话经过不同的解释原则得出不同的结论,进而得出了不同的对社会政治生活的看法。从以上论辩言论中我们可以总结出以下四点特征出来:首先,支持马克思主义世界观是辩证唯物主义者通常认可苏联教科书体系的成就,反之不然;其次,支持马克思主义世界观者通常认可人的主观能动性完全受制于社会发展规律,反之不然;再次,支持马克思主义世界观是

① 孙正聿:《思想中的时代——当代哲学的理论自觉》,北京师范大学出版社2004年版,第173—174页。
② 孙正聿:《历史唯物主义的真实意义》,《哲学研究》2007年第9期。

辩证唯物主义者通常不认可人本主义的观点,反之不然;最后,支持马克思主义世界观是辩证唯物主义者通常认为马克思主义理论是所有科学类别的指南,反之不然。

对于我们倡导的马克思主义哲学史书写新体例来说,这就是一个很好的故事,从这个故事中我们可以看到其实马克思主义哲学发展历程中始终都是充满争论的、马克思主义哲学的结构仍然是有争议的。

2.时代精神的缩影

恩格斯制定了马克思主义世界观的基本框架,列宁对此有自己的发展。恩格斯和列宁对马克思主义世界观的诠释是在不同时代精神之下发生的,因此也呈现出稍微不同的色彩。恩格斯将马克思主义世界观从马克思原著中提炼了出来,作为与后马克思时代的论敌对战的理论工具、统一德国社会党思想的理论武器,其理论色彩浓厚。而列宁在成为苏俄最高统帅之后对马克思主义世界观的诠释则主要从意识形态灌输的视角展开的,行政指令性更强[①]。随后的苏联人在 20 世纪 20 年代末开始建构了沿用至今的哲学教科书体系,我们的争论是苏联人争论的"接着讲",以前没有定见,当下也没有。这样的争论是时代精神的映照,每当社会发展到一个物质生活较之前有较大进步的时期或者精神生活较之前有较大更新的时期,类似的争论必然还会再起。

苏联人在某种功利性目的的推动下给马克思主义世界观注入了政治意义上的党性元素,其目的就是俄国工人运动的整齐划一、对布尔什维克党的革命行动施加具有影响力的信念、对自身科学的世界观优越于所有与之相竞争的意识形态的确信不疑和在此基础上进行统治的领导集团的绝对信任[②]。马克思主义世界观由此也被固化成为苏联全体人民应该具有的看世界的政治眼

---

① 黎学军:《马克思主义世界观的起源与内涵》,《马克思主义与现实》2016 年第 5 期。

② [德]费彻尔:《马克思与马克思主义:从经济学批判到世界观》,赵玉兰译,北京师范大学出版社 2009 年版,第 169 页。

光,现实生活中人们往往只记住了它的三个方面:看资本主义世界要憎恨、看社会主义世界要喜爱、当个人利益与社会利益不一致的时候必须无条件让步,这可能是黄枬森高度赞同苏联哲学体系成就的最重要原因。

实际上科普宁早已有过对"物高于人"不满的观点,在其《列宁哲学思想和逻辑》一书中他就提出了把马克思主义哲学只归结为逻辑和认识论的观点。传统的苏联哲学体系中把世界观解释为:哲学的特点在于,它一经产生,就是一种比较完整的世界观,即关于世界、自然界、社会、人的一般观点的体系。科普宁认为,把世界观看作是对整个世界的观点的体系的想法,是非常不合乎时代的;"整个的"概念对现代世界观来说,是完全不适合的。这样的世界观的定义不符合现代哲学发展的水平,因为现代的科学的哲学(辩证唯物主义和历史唯物主义)不是对整个世界一般观点或关于整个世界的观念的体系。首先用"一般的观点"或"观念"的概念来描述科学的世界观是不确切的。其次,对马克思主义哲学来说,是否存在或需要"世界"这个范畴呢? 科普宁认为,所谓"世界"是有很多含义的,它可以指地球、宇宙或者是物理学上的特定意义,如果不加以解释,只会使马克思主义哲学本身受到不必要的质疑。人类只研究了宇宙相当小的一部分,人类不能把在一定历史时期内用科学概念来描绘整个宇宙。力图以科学概念来描绘整个宇宙,不是世界观的任务,而是科学知识全部总和的任务。科普宁公开赞同西方马克思主义学者的一些学术观点,他认为"世界观归根到底实际上以人为目标的,"[①]机械决定论完全剥夺了人的主体能动性。这是科普宁认识论的核心,也是顺应历史潮流的理论阐述。在1961年召开的苏共二十二大提出的"一切为了人,为了人的幸福"纲领的推动下,人的问题作为专门的哲学研究,逐步引起苏联哲学家的重视,苏联哲学家逐步开始修补所谓的"人学空场"。科普宁把传统苏联哲学中未经探讨或不许触动的一些涉及马克思主义哲学根本原理的问题揭示了出来,科

---

① [苏]巴·瓦·科普宁:《马克思主义认识论导论》,马迅、章云译,求实出版社1982年版,第12页。

普宁的观点得到了相当多苏联哲学家的支持。

类似的论辩场景在我国改革开放之后也有所显现,在 20 世纪 70 年代末、80 年代中后期、21 世纪初等时间点上都有对马克思主义世界观理论的集中讨论。可以轻易地想见,这样的场景在此后的学术论争中还会此起彼伏地出现,论者必然都是引用恩格斯的同一句话然后给出符合时代光韵的解答。哲学就是在这样的转圈圈当中展示着自己的"无用"。

3. 马克思主义世界观研究之我见

马克思主义世界观是马克思主义哲学体系中一个重要的部门,它并不高于其母体,在研究前我们不应对其下任何倾向性结论。中西方世界观差异有两方面,形式上在于思维方式是主客二分还是内心反省、内容上在于人类历史是否有规律性,这样的差异性具体表现为中西方的意识形态斗争。世界观体系与意识形态体系具有相似的攻击和防御功能,如果别人说了一个与此不相符的观点,不少读者会觉得至少愣一下,或者更严重的是反感,并在嘴上或心里说:"为何你不相信科学呢?"这样的想法在亚里士多德世界观转化为牛顿世界观时间点上,那时候的人们也会有类似的想法。天文学和物理学世界观内涵可能会与唯物辩证法存在差异,人们应尊重差异而不是削足适履,不好的例子的确在苏联理论界存在过。当最新西方科研成果与我们对马克思主义世界观的认知发生暂时性的抵触时,人们应对的态度同样需要彰显出科学和人文精神。

我们的研究设想是从源头开始,即从"世界观"的词源开始整个研究。我们必须先考察世界观的词源起源在哪里,它最初的意思是什么、它经过了德语和日语的语义变化之后进入中国其词义有什么变化。词义弄清楚之后,我们才能着手研究世界观的逻辑结构是怎么的,它是不是只有"看世界"一个维度,或者还包括了"看社会"、"看人生"的维度呢?其次,我们要对马克思主义世界观的内涵、起源和特征进行文本考察,看看马克思、恩格斯在什么语境下使用了"世界观"这个词并赋予了什么含义，尤其是要弄清楚恩格斯对世界观的几种解读方式，因为后世所使用的马克思主义世界观通常认为是由恩格斯创造出来的。这里还要注意区分"马克思主义世界观"和"马克思世界观"的异同。恩格斯在哪部著述当中提出了"共产主义世界观"的概念并赋予了什么内涵、制定它的目的是政治抑或是理论建构、赋予了它什么样的特征，等等。再次，反思质疑者的问题。例如是否存在所谓"本真马克思主义世界观"呢？马克思主义世界观是否几乎不观照人的层面，存在着一个人学的"空场"？都是我们需要回答的问题，在回答问题的思考中也能使得马克思主义哲学研究水平更上一层楼。最后，马克思主义世界观研究的未来展望。它可能永远是研究不明白的，这是哲学的魅力所在。但我们可以利用它的功能来做什么，这是我们可以考虑且践行的。比如我们可以先搁置争议，充分发挥马克思主义世界观在适合自己的环境中对民众政治教化和道德规范所能起到的作用，毫无疑义，它的历史功绩是有目共睹的。它与其配套的哲学教科书体系成功地为全世界的无产阶级勾画了一幅共产主义的美好图景，并奠定了社会主义国家民众看待世界、看待人生的思维方式和生活方式，这样的思维方式和生活方式已具体地表现在社会主义国家民众的人伦日常之中了，它为维护社会主义政权起到了无可替代的作用。

马克思主义世界观理论的争论至少要等到中国第一本真正意义上的自己的马克思主义哲学教科书体系出来之后才可能取得广泛共识，可以轻易想象得到，这样的争论还将继续一段时间。透过这场争论，我们能从中感悟到一些道理：

首先，新时代"双百"方针之花逐步绽放。以习近平同志为核心的党中央高度重视我国学术生态的建构，他指出："要极大调动和充分尊重广大科技人员的创造精神，激励他们争当创新的推动者和实践者。"①由此可见，我们党高

---

① 《习近平谈治国理政》第二卷，外文出版社 2017 年版，第 275 页。

度重视知识分子的诉求。

其次,马克思主义哲学教科书逻辑体系无法否认。双方争论的是苏联哲学体系(即所谓旧体系)是否合理,并不是争论体系本身是否合理。即使是否认苏联马克思主义哲学体系论者也试图建立自己的体系,比如高清海。如果有人问我"炒鸡蛋怎么做",我会回答"首先洗干净锅头,其次放油热锅,再次放拌匀后的鸡蛋进锅,最后将炒好的鸡蛋倒到菜盘里",这样的叙述顺序显然带有主客观符合的逻辑色彩。如果把这四个步骤再丰富填充内容就构成了一门"炒鸡蛋"学科,这就是一种体系,无论是自己要弄明白某事或者是要做到不但自己明白听者也明白都需要建立某种体系。

再次,世界观研究有基础性意义。可以说世界观体系转变、生产力进步、社会形态发展、科学进步通常指的是同一件事。历史学家们发现,表达人的倾向、设想和价值观的不同方式,并不像现代学科分类暗示的那样,相互隔绝、独自存在。政治理论、阶级关系、风俗习惯以及社会集团的特性和道德准则表现出本质上的密切关系,这种密切关系有助于确定历史发展的特定阶段。[1] 世界观的改变深刻影响着欧洲人的生活,甚至会改变上帝的地位和作用,被迫因应改变之后的上帝又反过来巩固着同时代世界观的地位,二者相辅相成。例如,当牛顿世界观取代亚里士多德世界观之后,上帝的作用发生了变化。一般情况下,宗教信仰是根深蒂固的,所以,人们不放弃其宗教信仰毫不奇怪。然而,上帝的概念发生了巨大变化。具体地说,上帝开始被看作钟表匠一样的上帝,也就是说,他设计和建设了宇宙,并使宇宙处在运动之中。然后,宇宙就永远地运动下去了,不需要像以前的世界观所说的那样需要持续的干预了,随之而来的变化就是人类社会形态的更迭[2]。

---

① [英]J.C.D.克拉克:《1660—1832 年的英国社会》,姜德福译,商务印书馆 2014 年版,第148 页。

② [美]理查德·德威特:《世界观:科学史与科学哲学导论》,李跃乾译,电子工业出版社2014 年版,第 179 页。

最后,马克思主义新世界观体系代表着未来,代表着人类社会形态的前进方向。马克思主义世界观体系代表着人类前进的方向和发展的目标,因为它集中了人类已知的一切自然科学和哲学的精华。

三、从康德到当代中国:世界观的演变及其探讨

康德创造出了"世界观"的名称并赋予它特定的含义,之后它到当代中国走过的理论路线是从黑格尔到马克思恩格斯、恩格斯到列宁、之后由苏联和日本两个国家进入中国并经李大钊、刘少奇、毛泽东、邓小平及当下的解读,兜兜转转中其内涵发生了较大的变化。从康德到黑格尔,世界观作为一个哲学用词得到了认可和普及,其内涵从对外部环境的感性直观演变为绝对精神在不同民族中的各自显现。恩格斯总结提炼并勾勒了马克思主义世界观即共产主义世界观的核心拼图,从恩格斯到列宁,马克思主义世界观第一次出现了内涵变化,其由历史观演变成了政权观;从苏联到中国出现了第二次内涵变化,其由政权观演变成了人生观。生产力自我破限、科学水平提升、无产阶级生存环境的动态变化是世界观内涵动态变化的主因。

"世界观"作为哲学专名始自康德,但其在人类历史上早已存在且对人类生活持续作用。有实无名的世界观自亚里士多德时期至牛顿时期,那时候的内涵更接近当下的"信仰体系",康德创造"世界观"的初衷并不是给亚里士多德或上帝或牛顿做过的事套上一个概念,他只是想借助该概念对自己的体系进一步说明而已。

回答"世界观是什么"的问题首先要人类历史视角从两个阶段去梳理:其一是有实无名的阶段,即亚里士多德世界观时期、基督教世界观时期、牛顿世界观时期,这个阶段的几种所谓世界观是人类对宏观宇宙和外在物质变化运行机理的探究及其对人类社会生产和政治等活动有何影响的动态信念体系。其二是有名有实阶段,自康德始后在哲学界广为流传且各有看法。从当代中国的视角来看,自康德开始的"世界观"发展到马克思恩格斯其内涵发生了重

大变化、之后经苏联和日本两地的传入,结合我国革命和建设实际情况它的内涵或语用又发生了一些变化。

我们研究的是自康德开始到当代中国的世界观内涵或语用的演变这一段故事,我们可以将该演变历程划分为康德到黑格尔、恩格斯到列宁、列宁到当代中国三个阶段。从史学和语义的视角整理这三个阶段及其特点不但可以将世界观内涵或语用变化图更清晰地勾勒出来,且能为马克思主义世界观乃至哲学研究提供更多的基础性材料。

1. 世界观的"烦恼"

世界观的"烦恼"来自其外形和内涵,它的定义和内涵一直聚讼纷纭,究其原因主要是人们静态看待这个概念还有不同国家语言载体或同一个国家不同时期语言载体语义误用引起的市场假象。

首先,世界观内涵有变化吗? 当人们说"世界观难道不就是当下这个样子的吗?"的时候,这个想当然的提法其中就蕴藏着一个问题了:世界观体系内涵从古至今始终没变过。从历史的视角看,这个问题既是一个问题也不是一个问题,每个世代的人类都不会认为自己的世界观体系有问题、每个世代的人类都只会认为前一个世代的世界观体系有问题。

其次,语义误用导致的市场假象。我们要动态地看待"世界观",首先就要动态地看待"世界"。一部分中文读者想当然地认为"世界"等于"宇宙"或"地球"、"世界观"等于"观世界",这既是资本主义和社会主义阵营划分而导致的市场假象,也是由于中文读者习惯于字面义解释从而误用了哲学专名。"世界"肯定不仅仅只有地理的意味,例如当我们提到"基督教世界"的时候我们可能会认为它可能指的是信徒自我认知的方法、也可能是指十字军征服的地域①,或者说二者的含义都有。

---

① [希腊]娜希亚·雅克瓦基:《欧洲由希腊走来:欧洲自我意识的转折点,17至18世纪》,刘瑞洪译,花城出版社2012年版,第26页。

再次,世界观并非直接等同于哲学。世界观体系并非是哲学家能够单独创造出来的,它更多时候需要依赖天文学和物理学划时代的发现。中文读者非常熟悉的哲学的定义是"哲学就是系统化、理论化的世界观",这个简单化的定义既简单化了哲学也简单化了世界观。我们目前也只能大致地说,世界观与哲学一样都具有超验性、一样是问题叠着问题的"问题"①,它肯定还远远没有达到已经完成的程度。

最后,教科书定义导致的剧场假象式的影响。我们沿用了数十年的哲学教科书所给出的世界观定义值得商榷,它是这样描述世界观的:"所谓世界观,就是人们对于生活在其中的整个世界以及人和世界关系的根本观点、根本看法。"②这个提法有几点值得商榷:其一"世界"是一个多义项词,仅取其显要义项推导出来的世界观定义并不完整;其二该定义属于描述性定义,不是从规定性视角给出的定义,仍然缺乏穿透力;其三该定义易引起与"哲学是什么"的同义语反复;其四该定义过于折中,由此引发了中国哲学界长达数十年的关于马克思主义世界观是辩证唯物主义还是历史唯物主义的争论。争论者主要集中于北京大学的黄枬森和吉林大学哲学系一干人等,我们将其简称为"北吉之争"。两派都坚持马克思主义世界观是存在的,但对于其归属于辩证唯物主义还是历史唯物主义则各执一端,双方争论核心是要不要体系哲学的问题。

世界观的"烦恼"很多且仍将持续,即使是在有较多定论的马克思主义理论内,马克思主义世界观的内涵也是充满争议的。

2. 世界观演变历程

我们主要从内涵或语用的角度去考察自康德肇始的 Weltanschaung 一词内涵是如何从"对世界的直观"发展到当代中国"人生观"的。

---

① 张志伟:《西方哲学问题研究》,中国人民大学出版社 1999 年版,第 4 页。
② 李秀林:《辩证唯物主义和历史唯物主义原理》,中国人民大学出版社 1995 年版,第 2 页。

"世界观"成为哲学专名并形成学术道统是 18 世纪之后的事,它首先是一个德语概念。康德在其《判断力批判》一书当中创造性地提出了"世界观":

> 然而,哪怕只要能思考这给予的无限而不矛盾,这也就要求在人的内心中有一种本身是超感官的能力。因为只有通过这种能力和它的某种本体的理念——这本体自身不允许有直观,但却被用来给作为单纯现象的世界观奠定基底——,那感官世界的无限的东西才在纯粹智性的大小估量中被整个地统摄在一个概念之下,虽然它在数学的估量中通过数目概念是永远不能整个地被思考的。①

这里的"世界观"指的是对单纯现象的感性认识,所谓的"直观"包含三个要点:第一,直观是与对象的直接的关联或与一个对象的"直接相遇";第二,直观是通过感性被给予我们的;第三,直观是以知识为目的的②。自康德创造出这个词以后,它很快就演化为一个思想范畴,用来标示人类认知所理解的宇宙。

随后的费希特和谢林都沿袭并发展了康德"世界观"的内涵,谢林认为世界观是无意识的产物③,费希特指出世界观就是人们对感性世界的知觉。至此世界观内涵发生了微小的变化,由无意识的感性上升为有意识的理性知觉④。黑格尔在《精神现象学》中展示了自己对世界观的理解,他认为精神能在外部世界展示自身,世界观就是对这个过程的一种因民族不同而不同的理解。

黑格尔之后的德国哲学界由于 19 世纪自然科学的发展而逐渐建立起一种以"物质决定意识"为根基的思维方式,马克思主义世界观同样是诞生在牛顿世界观成为常识之后的事,其中到底接受了多少影响,从马克思博士论文可以窥知一二。

---

① [德]康德:《判断力批判》,邓晓芒译,人民出版社 2002 年版,第 93—94 页。
② 王建军:《康德与直观》,北京师范大学出版社 2014 年版,第 54 页。
③ [德]谢林:《先验唯心论体系》,梁志学译,商务印书馆 2006 年版,第 223 页。
④ [美]大卫·K.诺格尔:《世界观的历史》,胡自信译,北京大学出版社 2006 年版,第 67 页。

从马克思到列宁，马克思主义世界观①第一次出现了语义变化，苏联到中国出现了第二次语义变化，无产阶级生存环境的变化是其主因，无产阶级政党在不同历史时期灵活应用了马克思主义世界观及其内涵。

马克思主义传入中国有两个主要途径，目前并无太多文本根据表明中文翻译者在翻译"世界观"时受到那个途径的影响更大一些。俄语词 мировоззрение 有"世界观"、"宇宙观"的意思，到了苏联人那里，马克思主义世界观、马克思主义哲学、社会主义国家意识形态体系三者成了同一样东西②，"世界观"逐渐过渡成为了科学的"政权观"，列宁所说的"马克思主义者认为无产阶级在夺得政权之后，必须彻底破坏旧的国家机器，用新的由武装工人组织组成的公社式的国家机器来代替它"③从一个侧面说明了马克思主义世界观解释模式的第一次变化，即由历史观转化为了对政权的关注：它更关注国家政权，而不是宇宙运行机理。它也关注一个一个的人，但它更关注一群人与另一群人的经济政治关系。

马克思主义传入中国的另一个重要途径是日本，日本人对"世界观"的翻译对我国影响很大，或者说翻译的时候我们可能既取了俄语义，也取了日语义。日语"世界观"的用法更多时候指的就是人生观，这对同属儒学文化圈的中文世界观用法影响明显。井上哲次郎《哲学辞典》④认为，"世界"在日语里原来是一个佛教词汇，表示的是有情、无情之众生，井上把"世界"对应"world"，可以说有佛教里面"众生"（衆生）的意味，总的来说他就是想统合古

---

① 这里指的是"狭义马克思主义世界观"，狭义马克思主义世界观指的是自恩格斯在《反杜林论》、《路德维希·费尔巴哈和德国古典哲学的终结》等著述中阐发并被随后的继承者们弘扬的无产阶级思想和实践规范，即无产阶级对宏观宇宙和客观物质世界变化运行机理的理解并由此延伸出来的对人类社会生产和政治等活动之规律的认知所组成的信念体系，其逻辑结构像一幅拼图，构成拼图的数百个信念环环相扣、相互支持。而所谓广义马克思主义世界观在我国主流看法指整个辩证唯物主义，其始于斯大林《论辩证唯物主义和历史唯物主义》。

② 黎学军：《马克思主义世界观的起源与内涵》，《马克思主义与现实》2016 年第 5 期。

③ 《列宁选集》第 3 卷，人民出版社 1995 年版，第 269 页。

④ 井上哲次郎：《哲学字彙》，東京大学三学部，1881 年。

典哲学、现象学和东方学。关于"世界观",他在 1894 年写了一本『我世界観の一塵』(《我世界观的一尘》),这个"我"应该不是指"我自己"那个第一人称,应该是大写的"我",有人类的意思。井上的翻译最大的贡献在"观"这个字,现在"某某观"应该是从他的"人生观"这个翻译来的,他把佛教里"观"这个字与"schauung"对应起来,"观"就有了内观、思想(内観)的意味。同为儒学文化圈的日本人对"世界观"的理解显然更贴近我国传统文化一些,这使得我们的"世界观"呈现出两种主要色彩:它是"政权观"也是"人生观"。

中文语境下的"世界"是一个多义项的词,原本它应当与我们所理解的"家"相对来表示"家外即是世界"的意思,但二者并没有那么大的区别相反在内涵和功用上相似度还颇高。"世界"可以表示地理位置意义上的所有国家,也可以表示人所处的环境或制度,或者芸芸众生,或者是人自身的意识构建。对应的"世界观"也有几层意思,这个词肯定不能从字面简单解读为"观地球"或"观宇宙",很难想象连词源学源头都未闹明白就可以依据自身母语对其进行简单化解读。

在中文版马克思主义经典著作语境下的"世界观"有过语义的转折,引进之初的语义指的是"人类社会历史发展规律",到中国共产党成立之初因袭苏联人提法语义转换成了"政权观",延安时期随着自我意识增强转换为"人生观"。

在李大钊笔下,"世界"是一个多义词,他曾说:"我们现在所要求的,是个解放自由的我,和一个人人相爱的世界。介在我与世界中间的家国、阶级、族界,都是进化的阻碍、生活的烦累,应该逐渐废除。"①这里的"世界"指的不是地理意义上的全球,而是一种美好的社会制度。在李大钊笔下,"世界观"刚开始指的是"唯物历史观",随后循古例转化为"人生观"。李大钊指出:"因为马氏述其历史观,却关联历史和社会。原来纵观人间的过去者便是历史,横观

---

① 《李大钊文集》(上),人民出版社 1984 年版,第 23 页。

人间的现在者便是社会。"①他据此推导出新历史观即是新人生观的结论,他说道:

> 有了这种新的历史观,便可以得到一种新的人生观。前人以为人只靠天、靠圣贤豪杰,因此不见圣贤出来,便要发出"前不见古人,后不见来者,念天地之悠悠,独怆然而涕下"的叹声;因此生逢衰乱的时代,便发出"昊天不吊"或"我生不辰"的叹声。在此等叹声中,可以寻知那知天认命的历史观影响人们的人生观怎样大了。现在人们把历史观改变了,这种悲观、任运、消极、听天的人生观,也自然跟着去掉;而此新的历史观,却给我们新鲜的勇气,给我们乐观迈进的人生观。②

这也是我们把"世界"理解为"主观世界"把"世界观"首要地指认为"人生观"的肇始,这应该是以中国思维方式改造外来理论的一个案例。

刘少奇主要在"人生观"的意义上使用"世界观"这个词,他说:"我们的同志只要真正有决心,真正自觉地始终站在无产阶级先锋战士的岗位,真正具有共产主义的世界观,并且始终不脱离当前无产阶级和一切劳动群众的伟大而深刻的革命运动,努力学习、锻炼和修养。"③他认为,唯有如此,才能培养像马克思、列宁那样的作风。他又指出共产主义世界观就是中国共产党人的方法论。他说道:"人的言论行动,都是有人的思想意识来做指导的。而人的思想意识又常常和他的世界观分不开的。我们共产党员的世界观,只能是共产主义的世界观。这种世界观是无产阶级的思想体系,也就是我们共产党人的方法论。"④实际上也就是我们做人做事的指导原则。

在毛泽东的笔下,"世界"也是一个多义词,大约有"环境"、"制度"、"全

---

① 《李大钊文集》(下),人民出版社 1984 年版,第 345—346 页。
② 《李大钊文集》(下),人民出版社 1984 年版,第 645 页。
③ 《刘少奇选集》(上),人民出版社 1981 年版,第 105 页。
④ 《刘少奇选集》(上),人民出版社 1981 年版,第 122 页。

球"、"人民或敌人"等意思。各种提法在不同时期的著述中都有所表达,很难用一个固定的提法来解读毛泽东"世界观"的具体内涵。

作"环境"解的说法有"因为今年以来帝国主义、军阀、封建地主、买办大资产阶级的压迫和剥削,他们感觉现在的世界已经不是从前的世界"①。还有"到达了暴露周围世界的内在的矛盾,因而能在周围世界的总体上,在周围世界一切方面的内部联系上去把握周围世界的发展"②。

几方面意思都有的说法有:

> 社会的发展到了今天的时代,正确地认识世界和改造世界的责任,已经历史地落在无产阶级及其政党的肩上。这种根据科学认识而定下来的改造世界的实践过程,在世界、在中国均已到达了一个历史的时节——自有历史以来未曾有过的重大时节,这就是整个儿地推翻世界和中国的黑暗面,把它们转变过来成为前所未有的光明世界。无产阶级和革命人民改造世界的斗争,包括实现下述的任务:改造客观世界,也改造自己的主观世界——改造自己的认识能力,改造主观世界同客观世界的关系。……所谓被改造的客观世界,其中包括了一切反对改造的人们,他们的被改造,须要通过强迫的阶段,然后才能进入自觉的阶段。世界到了全人类都自觉地改造自己和改造世界的时候,那就是世界的共产主义时代。③

我们可以看到,"世界"在这段话里有"环境"、"全部国家"、"自身认识能力"三层意思。西方主流范畴的宇宙观也有专门提及,毛泽东在《矛盾论》中提到了宇宙观,他说:

> 所谓形而上学的或庸俗进化论的宇宙观,就是用孤立的、静止的和片面的观点去看世界。这种宇宙观把世界一切事物,一切事物的

---

① 《毛泽东选集》第一卷,人民出版社1991年版,第5页。
② 《毛泽东选集》第一卷,人民出版社1991年版,第286页。
③ 《毛泽东选集》第一卷,人民出版社1991年版,第296页。

形态和种类，都看成是永远彼此孤立和永远不变化的。①

与此相对立的是唯物辩证法的宇宙观：

> 唯物辩证法的宇宙观主张从事物的内部、从一事物对他事物的关系去研究事物的发展，即把事物的发展看做是事物内部的必然的自己的运动，而每一事物的运动都和它的周围其他事物互相联系着和互相影响着。②

这种提法也影响了当下一些人，他们秉此认为"世界观"就是"宇宙观"，就是政治意义的形而上学或唯物辩证法。而更多的人认为政治意义的形而上学或唯物辩证法只是一种方法或观点，毛泽东自己也曾说："这个辩证法的宇宙观，主要的就是教导人们要善于去观察和分析各种事物的矛盾的运动，并根据这种分析，指出解决矛盾的方法。"③由此可以对应地将毛泽东眼中的世界观解读为"阵营观"、"地理观"、"主观观"、"方法观"，具体语义需要具体分析。新中国成立之后发表的《关于正确处理人民内部矛盾》提及的共产主义世界观有人生观的意味，所处环境不同也使得马克思主义世界观内涵发生了变化，这是马克思主义世界观内涵发生的第二次变化，其由苏联人的"政权观"转化为了中文语境的"人生观"，即将物化的共产主义转化为了人之所以为人的一种自我认知。

邓小平笔下的"世界"有时指的是"毛泽东思想"，有时指的是"阶级阵营"。例如，他提到："列宁领导的布尔什维克党是在帝国主义世界的薄弱环节搞革命"④，这里指的是"阵营"之义。又如，他提到："实事求是，是无产阶级世界观的基础，是马克思主义的思想基础。"⑤这里指的应是"毛泽东思

---

① 《毛泽东选集》第一卷，人民出版社 1991 年版，第 301 页。
② 《毛泽东选集》第一卷，人民出版社 1991 年版，第 301 页。
③ 《毛泽东选集》第一卷，人民出版社 1991 年版，第 304 页。
④ 《邓小平文选》第二卷，人民出版社 1994 年版，第 126—127 页。
⑤ 《邓小平文选》第二卷，人民出版社 1994 年版，第 143 页。

想",邓小平也曾这样说过:"毛泽东思想的基本点就是实事求是,就是把马列主义的普遍原理同中国革命的具体实践相结合。"①在邓小平看来,毛泽东思想作为马克思主义在中国的绽放,它就是中国无产阶级的理论"世界"。这与我们当下的提法是一致的,当代思想就是我们全部的理论"世界"。

综合起来看,中国大陆语境下的"世界观"与"主流意识形态体系"、"人生观"意思相近,或者干脆就是一个意思:人生观,爱社会主义制度是人生必然选择,"每日三省吾身"最重要的内容就是反思自己是否足够热爱这个政权并以此为准则来要求自己的言谈举止,它包括支柱型理论群和理论学科群两部分内容:

支柱型理论:共产主义最美(信仰)、没有中国共产党中国特色社会主义做不好(现实)、共产党是抗战中流砥柱(历史),等等。

理论学科群分为两大块。首先,维护实体的理论群:维护党的理论、维护政府(政府、人大、政协等)的理论、维护公有制的理论,等等。其次,维护理论的理论。科教文卫等等理论属于主流理论维护的二级理论。

但凡任何人质疑这些体系当中的任何一个信念,都会令我们感到厌恶,这也就是所有世界观体系的基本特质之一:我们会奇怪别人为何不那么想,因此,世界观是一种普遍而共同的看法,与朋友们一道置身于那样的时代和那样的社会,他们自然会产生那样的看法。②

我们的世界观信念体系中既有已证实部分,也有正在证实的部分,比如按需分配的共产主义社会。既然我们也处在这样一个宏大的世界观体系之中,我们也有义务不断地去验证自己所确信的那些信念拼图。

---

① 《邓小平文选》第二卷,人民出版社1994年版,第126页。

② Vincent A. McCarthy, *The Phenomenology of Moods in Kiekegaard*, Boston: MartinusNijhoff, 1978, p.136.

3.世界观演变逻辑

从人类历史发展一般视角来看,当出现新的天文学和物理学观念大转变的时候,人类世界观体系随之也会改变其中的核心拼图,非核心拼图或快或慢也将随之改变,它的演变与生产力发展、科学研究突破、阶级状况变化等因素有内在强联系。从我们设定的"康德到中国"的阶段而言,阶级状况变化和哲学划时代转向则是世界观内涵发生重大变化的主要原因。

首先,阶级状况的变化。从康德到马克思和恩格斯,欧洲阶级状况发生了重大变化,而这些变化必然会在哲学专词上有所反映。类似情况还有从马克思恩格斯到列宁,无产阶级政治状况也发生了重大变化,所以马克思主义世界观内涵也会因应而更新。

其次,哲学研究划时代转向。当哲学研究由思考宇宙运行之理转向到思考人类社会发展规律特别是马克思将"实践"概念引进思辨领域之后,他捕捉到了人类社会发展的逻辑,并用数学公式证实了其中的一个核心环节:资本主义必然被社会主义取代的现实性。马克思由这个核心拼图作为辐射点并勾勒了一幅共产主义的世界观最初的样子,其之后在各个社会主义政权中流转变化。

再次,生产力提升的内在需要。生产能力的限制、科研寻求突破、先进阶级证明前面的世界观体系某个拼图有误、修正这个拼图、生产能力取得进展且人们开始围绕这个新的生产方式构建自己的生活,这个链条环环相扣并绵延至今。一个典型的案例是1978年以后中国的改革开放,其起点就是对传统马克思主义世界观的新解释。市场经济是一种我们曾经"鄙视"的方式,在当时政治领导人的力推之下逐渐成为了我们当下普遍认可的一种新思维方式。

最后,改造外来词及其内涵以适应本土文化的需要。在我们这里被称为"马克思主义中国化"。中国共产党人将马克思主义世界观当中的共产党员修养功用根据中国传统文化中诸如"三省吾身"的思想放大了,以此作为一面镜子要求每一个党员每一天都对着镜子反省自己。

世界观始终处在动态变化的进程中,可能表面看起来长时间不动但其内部拼图一直都有增减。辩证地看待一切现成事物或理论是破解理论领域出现的市场假象和剧场假象的最佳办法,只要我们动态地看待世界观就会发现它的"模样"一直都在变化。

从历史的视角看,新出现的世界观体系一般都代表着人类历史的未来,代表着人类社会形态的前进方向。而最新的马克思主义世界观体系必然也是代表着人类前进的方向和发展的目标,因为它集中了人类已知的一切自然科学和哲学的精华。虽然马克思主义世界观内涵一直有争议,但其核心拼图自恩格斯制定开始并未有大变化,只是这个体系的组织架构与非核心拼图存在不同看法,这些不同看法可以在社会主义国家发展中进一步探讨。

可以说世界观内涵转变、生产力进步、社会形态发展、科学进步通常指的是同一件事。历史学家们发现,表达人的倾向、设想和价值观的不同方式,并不像现代学科分类暗示的那样,相互隔绝、独自存在。政治理论、阶级关系、风俗习惯以及社会集团的特性和道德准则表现出本质上的密切关系,这种密切关系有助于确定历史发展的特定阶段。①

中西方世界观差异有两方面,形式上在于思维方式是主客二分还是内心反省、内容上在于人类历史是否有规律性,这样的差异性具体表现为中西方的意识形态斗争。世界观体系与意识形态体系具有相似的攻击和防御功能,如果别人说了一个与此不相符的观点,中文读者会觉得至少愣一下,或者更严重的是反感,并在嘴上或心里说:"为何你不相信科学呢?"这样的想法在亚里士多德世界观转化为牛顿世界观时间点上,那时候的人们也会有类似的想法。人们应尊重差异而不是削足适履,不好的例子的确在苏联理论界存在过。当

---

① ［英］J.C.D.克拉克:《1660—1832年的英国社会》,姜德福译,商务印书馆2014年版,第148页。

最新西方科研成果与我们对马克思主义世界观的认知发生暂时性的抵触时，人们应对的态度同样需要彰显出科学和人文精神。

四、世界观及其马克思主义解释

作为哲学术语的"世界观"首先是一个德语概念，自康德开始，途经费希特、谢林和黑格尔，他们以"意识决定物质"作为基石解读了它，认为它是一种对世界的直观知觉。马克思将意识与物质颠倒之后创建了一套无产阶级思维和实践的规范，恩格斯将其命名为"辩证唯物主义世界观"或"无产阶级世界观"，并大致勾勒了马克思主义世界观的理论范式。从康德到马克思，"世界观"虽然有变化但也有相似的地方，他们都把世界观当作一种具有自我意识的东西，它能在物质世界实现自身，二者的区别在于以物质或意识为出发点、人能否把握世界的本质、世界观在现实生活中的载体是什么。

围绕马克思主义世界观的学科形态和内涵外延一直有争论，主要有它等同于马克思主义哲学？它等同于辩证唯物主义或者历史唯物主义或者以上二者总和？争议涉及马克思主义哲学和我国主流意识形态的理论根基。

1.世界观的流变和结构

"世界观"（Weltanschauung）是一个合成词："世界"加上"直观"或"直觉"，字面义是人对外部世界直观的看法。在宇宙论的基调上，德国人延续了古希腊哲学的传统，即"灵魂就依靠哲学，以理性为向导，通过一条易于穿插之路，跨越中间地带，向前迈进，并依据理智把握那些在地点上彼此遥遥相隔的事物。"①德国人只是用思想替代了灵魂，看宇宙或世界的方式沿袭了亚里士多德的观点。

作为首先是一个不可知论领域的哲学用语，它自康德开始，后经费希特、

_____

① ［古希腊］亚里士多德：《亚里士多德全集》第2卷，苗力田主编，中国人民大学出版社1991年版，第605页。

谢林和黑格尔的放大、改造,逐渐成为哲学领域的专用术语,19 世纪末 20 世纪初成了欧洲哲学界和俄国无产阶级的流行词。

(1)作为德语概念的"世界观"流变

世界观被定义并形成哲学道统是 18 世纪之后的事,它首先是一个德语概念。康德在其《判断力批判》一书当中创造性地提出了"世界观":

> 然而,哪怕只要能思考这给予的无限而不矛盾,这也就要求在人的内心中有一种本身是超感官的能力。因为只有通过这种能力和它的某种本体的理念——这本体自身不允许有直观,但却被用来给作为单纯现象的世界观奠定基底——,那感官世界的无限的东西才在纯粹智性的大小估量中被整个地统摄在一个概念之下,虽然它在数学的估量中通过数目概念是永远不能整个地被思考的。①

康德认为,时间和空间因人的感觉而存在,世界对于人们来说仅仅是一种现象,而所谓"直观",就是"我感觉到某种坚硬的东西,将这坚硬的东西摆在空间里面"②。自此,Weltanschaung 开始被人们理解为"人们对世界的直观,即深刻地思考呈现于感官的那个世界",它很快就演化为一个思想范畴,用来标志人类认知所理解的宇宙。康德在哲学领域发动了所谓哥白尼式的革命,强调认知的自我和有意志的自我的作用,并以此为宇宙的知识中心和道德中心,为世界观概念的传播开辟了思想空间。③

之后的费希特和谢林都沿袭了康德的用法,费希特在《试评一切天启》中吸纳了康德对"世界观"内涵的界定,认为世界观就是人们对感性世界的知觉。④ 谢林在《先验唯心论体系》中也提到了"直观世界",他说:

---

① ［德］康德:《判断力批判》,邓晓芒译,人民出版社 2002 年版,第 93—94 页。
② ［德］黑格尔:《哲学史讲演录》第 4 卷,贺麟译,商务印书馆 1983 年版,第 264 页。
③ ［美］大卫・K.诺格尔:《世界观的历史》,胡自信译,北京大学出版社 2006 年版,第 65 页。
④ ［德］费希特:《试评一切天启》,载《自由的体系——费希特哲学读本》,梁志学选编,商务印书馆 2008 年版,第 13—14 页。

在能通过自由而相互影响的各种理智之间,就它们所表象的共同世界而论,必定是存在一种预定和谐的。这是因为,既然一切规定只有通过理智表象的规定才进入理智之中,那么,直观一个极其不同的世界的各种理智就绝对不会彼此之间有共同之处,有一个共同的接触点,可以在那里会合起来。既然我完全是从我本身得出理智概念的,那么,我所应该承认的这种理智就必定是与我处于同样的直观世界的条件之下……①

在谢林看来,世界观是无意识的产物,它是世界留在潜意识领域的印象,心灵虽然处于陶醉状态,却仍在发挥作用,能够产生这种印象。从康德到谢林,世界观的概念的主要含义已经发生了变化,它由对宇宙的感性知觉转化为对它的理性知觉。② 这也反映了人类思维水平的提升,人类对某概念的思考总是由浅到深进行提升的。

黑格尔沿袭了谢林的世界观"自为"的观点,同时增加了世界观因人而异、因民族而异的看法。黑格尔认为在绝对精神穿越历史长河的辩证运动中,它会具体化为人类的思想和文化,由于落在不同的时期和不同的文化氛围中,世界观也呈现出不同的表现方式。例如,黑格尔对道德世界观的看法:

从这个规定开始,一个道德世界观就形成了,这个道德世界观是由道德的自在自为存在与自然的自在自为存在的关系构成的。这种关系以两种假定为基础,一方面假定自然与道德(道德的目的和活动)彼此是全不相干和各自独立的,另一方面又假定有这样的意识,它知道只有义务具有本质性而自然则全无独立性和本质性。道德世界观包含着两个环节的发展,而这两个环节则处于上述两种完全矛盾的假定的关系之中。③

① [德]谢林:《先验唯心论体系》,梁志学译,商务印书馆2006年版,第223页。
② [美]大卫·K.诺格尔:《世界观的历史》,胡自信译,北京大学出版社2006年版,第67页。
③ [德]黑格尔:《精神现象学》下卷,贺麟译,商务印书馆1997年版,第126页。

黑格尔特别强调世界观概念适用于表达探究存在之本质的不同风格的思想,他认为精神能在外部世界展示自身,世界观就是对这个过程的一种理解。如文森特·麦卡锡所言:"对黑格尔来说,世界观指的是某个国家在某个历史时期对待世界的态度:诗人往往具有这样的态度。因此,世界观是一种普遍而共同的看法,与朋友们一道置身于那样的时代和那样的社会,他们自然会产生那样的看法……"①

黑格尔之后的德国哲学界由于 19 世纪自然科学的发展,而逐渐建立起一种以"物质决定意识"为根基的思维方式,这也为马克思恩格斯创立马克思主义世界观奠定了基础。

(2)世界观的结构

世界观在其德语语境中的涵义指的是"人对世界的由直观到理性的知觉",那么看这个由空间、时间及在此之中的物质构成的世界,就可以细分"或者是关于他们对自然界的关系的观念,或者是关于他们之间的关系的观念,或者是关于他们自身的状况的观念"②三个视域,看的方式就是一种认识论。所以一个完整的世界观就至少包括了一个看的方式和看自然、看社会、看人生三个视域。

首先,关于看的方式。世界观的视角也通常被认为是一种主客二分视角,即"人看世界",人类只有通过看或实践才能解决人与世界的对立,如广松涉所指出的:"传统的物的世界像是指将世界,即将所有存在界视为由各种'物'构成的世界像——不过,'物'并不限于狭义的物质性物体,而是指在与'事'的对比中的广义的'物'。归根结底,它与实体主义世界观相对应。在这样的世界观中,首先有独立存在的实在体(实体),那些实体被认为具有各种各样的性质,并彼此相关。在此,被描绘为具有性质的实体原初地存在,那些实体

---

① Vincent A. McCarthy, *The Phenomenology of Moods in Kiekegaard*, Boston: Martinus Nijhoff, 1978, p.136.

② 《马克思恩格斯文集》第 1 卷,人民出版社 2009 年版,第 524 页。

形成第二性的关系。"①此外，"动态看"还是"静止看"的区别。即采取辩证法抑或形而上学的视角看世界，上升到哲学领域就成为了区分唯物主义和唯心主义的标志。"怎么看"世界在某种程度上决定着世界观的颜色，但其又不能完全等同于整个世界观体系。

其次，看世界的三个视域。这里涉及人们通常说的自然观、历史观和人生观。第一，由"怎么看"世界到以上三观，就已经带有人们所说的意识形态属性了。如恩格斯所言："对世界进行研究的一般结果，是在这种研究终了时得出的，因此它们不是原则，不是出发点，而是结果、结论。从头脑中构造出这些结果，把它们作为基础并从它们出发，进而在头脑中用它们来重新构造出世界——这就是意识形态。"②个人的是无意识制造出来的意识形态，哲学家制造出有边界有逻辑的意识形态，马克思制造出来的是有边界有逻辑且劝人实践的意识形态——"使资本主义的错误世界成为正确的世界，并扬弃其错误地反映这个过程，更确切地说是这个行为，即它的具有自我意识的无产阶级所实行的革命。"③由不同的世界观，到不同的人生选择，这也是我们的主流意识形态灌输的时候常用的措辞。第二，人的三观也有变动不居的属性。世界观是一种既有变动不居的成分又有稳定成分的意识形态体系，世界观是动态变化的："历史主义（马克思、狄尔泰、特洛尔奇、施本格勒）认为，所有的世界观，不管是宗教的世界观，还是哲学的世界观，都只是变易不居的历史和社会的生活情境的动态表达形式。"④即使在社会主义国家，它也是因人而异的，但有主流规范和个人层面的分界，因为人"周围的感性世界决不是某种开天辟地以

---

① ［日］广松涉：《存在于意义——事的世界观之奠基》第 1 卷，彭曦译，南京大学出版社 2009 年版，"序言"第 2 页。

② 《马克思恩格斯文集》第 9 卷，人民出版社 2009 年版，第 345 页。

③ ［德］费彻尔：《马克思与马克思主义：从经济学批判到世界观》，赵玉兰译，北京师范大学出版社 2009 年版，第 174 页。

④ ［德］马克思·舍勒：《世界观与政治领袖》，曹卫东译，北京师范大学出版社 2014 年版，第 177 页。

来就直接存在的、始终如一的东西,而是工业和社会状况的产物,是历史的产物,是世世代代活动的结果。"①第三,三观需要专门研究,不能由"怎么看"一笔带过各种细节,如同恩格斯指出的:"这种观点虽然正确地把握了现象的总画面的一般性质,却不足以说明构成这幅总画面的各个细节;而我们要是不知道这些细节,就看不清总画面。为了认识这些细节,我们不得不把它们从自然的或历史的联系中抽出来,从它们的特性、它们的特殊的原因和结果等等方面来分别加以研究。"②

2.世界观的马克思主义解释

所谓世界观的马克思主义解释,我们想表达的是马克思主义看世界的方式及其形成过程。

马克思创立了马克思主义世界观,但其很少使用"世界观"这个词。恩格斯系统地使用了"世界观"并将它指定为无产阶级思维和实践的规范,列宁将它提升为社会主义国家全民必须共同遵循的规范,斯大林进一步固化了这种规范。

我们的哲学教科书从未明确界定马克思主义世界观的内涵,笔者曾做过这样的尝试:

> 世界由有规律的运动物质构成,人类社会亦是。按占有生产资料多寡自觉或不自觉分隔开的人群为了生存须持续进行物质生产实践,由此引发的诸多矛盾推动着人类社会经济形态由低向高发展。资本主义社会是恶的,抱团的无产阶级是资本家的掘墓人,人类社会的光明终点是共产主义社会。③

这个内涵看起来似乎就是辩证唯物主义和唯物史观的合并体,但我们认

---

① 《马克思恩格斯文集》第 1 卷,人民出版社 2009 年版,第 528 页。
② 《马克思恩格斯文集》第 9 卷,人民出版社 2009 年版,第 23 页。
③ 黎学军:《马克思主义世界观的起源与内涵》,《马克思主义与现实》2016 年第 5 期。

为这里有自然、有人、有人的劳动、有辩证法、有人类历史、有阶级斗争、有共产主义社会,它属于辩证唯物主义与历史唯物主义紧密结合的新产物。

马克思主义世界观有两个显著特征,其一是辩证性,其二是阶级性。辩证性从唯物辩证法与形而上学对立中引申出来,阶级性从无产阶级与资产阶级对立中引申出来。由辩证性引申出无产阶级对共产主义的信仰,由阶级性引申出无产阶级的集体性,综合起来就是集体努力实现共产主义——"在无产阶级具有自我意识的集体行动中,'观念'形态或者行为与'物质'(历史)都同时变得有意识了,或者更确切地说,变得有自我意识了。"①这就是马克思主义世界观作为社会主义国家主流意识形态根基的理论所在。由此,马克思主义世界观被赋予了一种鲜活的生命力,它仿佛变成了一个具有自我意识和自我完善功能的非物质实体,它驱使着历史主体无产阶级去实现自身的使命。

按照恩格斯的说法,"我们(马克思恩格斯)的这一世界观,首先在马克思的《哲学的贫困》和《共产主义宣言》中问世,经过足足20年的潜伏阶段,到《资本论》出版以后,就越来越迅速地为日益广泛的各界人士所接受。"②我们就顺着恩格斯的指引证明笔者的看法,而不是按照教科书的从《关于费尔巴哈的提纲》到《德意志意识形态》的顺序。

我们需要证明的有两点:其一,马克思主义世界观是辩证唯物主义长入唯物史观作为理论前提的;其二,马克思主义世界观并非是辩证唯物主义和唯物史观的简单混合。

首先,马克思主义世界观的理论前提是辩证唯物主义长入唯物史观。马克思曾说道:"一切存在物,一切生活在地上和水中的东西,只是由于某种运动才得以存在、生活。例如,历史的运动创造了社会关系,工业的运动给我们

---

① [德]费彻尔:《马克思与马克思主义:从经济学批判到世界观》,赵玉兰译,北京师范大学出版社2009年版,第174页。
② 《马克思恩格斯文集》第9卷,人民出版社2009年版,第11页。

提供了工业产品,等等。"①又如:"全部人类历史的第一个前提无疑是有生命的个人的存在。因此,第一个需要确认的事实就是这些个人的肉体组织以及由此产生的个人对其他自然的关系。"②再如恩格斯所说:"马克思和我,可以说是唯一把自觉的辩证法从德国唯心主义哲学中拯救出来并运用于唯物主义的自然观和历史观的人。可是要确立辩证的同时又是唯物主义的自然观,需要具备数学和自然科学的知识。"③类似的说法不胜枚举,马克思恩格斯在谈论自己创立的新世界观的时候,通常都要带上一小段的关于物质与意识关系或者自然观描述的说明,然后才会开始论述。这并非是一种巧合,而是体现了德国人一种严谨的科学精神。

其次,马克思主义世界观并非是辩证唯物主义和唯物史观的简单混合。《共产党宣言》中描述新世界观是这样的:

> 每一历史时代的经济生产以及必然由此产生的社会结构,是该时代政治的和精神的历史的基础;因此(从原始土地公有制解体以来)全部历史都是阶级斗争的历史,即社会发展各个阶段上被剥削阶级和剥削阶级之间、被统治阶级和统治阶级之间斗争的历史;而这个斗争现在已经达到这样一个阶段,即被剥削被压迫的阶级(无产阶级),如果不同时使整个社会永远摆脱剥削、压迫和阶级斗争,就不再能使自己从剥削它压迫它的那个阶级(资产阶级)下解放出来。④

从中我们看到的是一幅人类历史的动态画面,这当然也是唯物史观的核心要义,但它的理论前提是奠基在辩证唯物主义之上的,我们不能将它剥离出来简单地下结论说马克思主义世界观就是唯物史观或者辩证唯物主义与唯物

---

① 《马克思恩格斯文集》第 1 卷,人民出版社 2009 年版,第 600 页。
② 《马克思恩格斯文集》第 1 卷,人民出版社 2009 年版,第 519 页。
③ 《马克思恩格斯文集》第 9 卷,人民出版社 2009 年版,第 13 页。
④ 《马克思恩格斯文集》第 2 卷,人民出版社 2009 年版,第 9 页。

史观的混合物。此外,恩格斯不同时期的不同提法有其历史原因,不能简单地作为判断马克思主义世界观是什么的依据。恩格斯对马克思主义世界观的提法有过变化,如唯物辩证法是马克思主义世界观:"这种原始的、素朴的、但实质上正确的世界观是古希腊哲学的世界观,而且是由赫拉克利特最先明白地表述出来的:一切都存在而又不存在,因为一切都在流动,都在不断地变化,不断地生成和消逝。"①综合的世界观:"顺便指出:本书所阐述的世界观,绝大部分是由马克思确立和阐发的,而只有极小的部分是属于我的,所以,我的这种阐述不可能在他不了解的情况下进行,这在我们之间是不言而喻的。"②有时指辩证唯物主义:"现代唯物主义,否定的否定,不是单纯地恢复旧唯物主义,而是把 2000 年来哲学和自然科学发展的全部思想内容以及这 2000 年的历史本身的全部思想内容加到旧唯物主义的持久性的基础上。这已经根本不再是哲学,而只是世界观,这种世界观不应当在某种特殊的科学的科学中,而应当在各种现实的科学中得到证实和表现出来。"③有时指唯物史观:"可是我在马克思的一本旧笔记中找到了十一条关于费尔巴哈的提纲,现在作为本书附录刊印出来。这是匆匆写成的供以后研究用的笔记,根本没有打算付印。但是它作为包含着新世界观的天才萌芽的第一个文献,是非常宝贵的。"④有时指阶级斗争:"如果其他阶级出身的这种人参加无产阶级运动,那么首先就要求他们不要把资产阶级、小资产阶级等等的偏见的任何残余带进来,而要无条件地掌握无产阶级世界观。"⑤不同的历史时期、撰写不同文章的需要、不同的辩论对手,这些原因使得恩格斯对马克思主义世界观的解释出现了变化,这些变化也使得后世学人或者抓住这个片段或者抓住那个片段争论不休。

恩格斯认为新世界观对历史学必定会起到像达尔文学说对生物学所起的

---

① 《马克思恩格斯文集》第 3 卷,人民出版社 2009 年版,第 538—539 页。
② 《马克思恩格斯文集》第 9 卷,人民出版社 2009 年版,第 11 页。
③ 《马克思恩格斯文集》第 9 卷,人民出版社 2009 年版,第 146 页。
④ 《马克思恩格斯文集》第 4 卷,人民出版社 2009 年版,第 266 页。
⑤ 《马克思恩格斯文集》第 3 卷,人民出版社 2009 年版,第 484 页。

那样的作用,一种涉及全世界的科学必然引起思维方式的变革,进而达到一种全新的对世界的看法,这就是马克思主义世界观对 19 世纪中后叶至今对无产阶级在思想和行动上塑形的由来。如同形而上学的考察方式"被培根和洛克从自然科学中移植到哲学中以后,就造成了最近几个世纪所特有的局限性,即形而上学的思维方式"①。这对列宁的影响是非常明显的,列宁认为:"马克思的学说所以万能,就是因为它正确。它十分完备而严整,它给予人们一个决不同任何迷信、任何反对势力、任何为资产阶级压迫所作的辩护相妥协的完整的世界观。"②整个马克思世界观是什么,列宁认为是哲学唯物主义、辩证法、唯物主义历史观和阶级斗争的总和③,这个论断是我国哲学教科书对世界观看法的直接来源。

到了斯大林这里,世界观的看法发生了一些改变,他认为辩证唯物主义就是马克思主义世界观,唯物史观只是该世界观贯彻到历史领域的应用,这个观点被我国马克思主义哲学界一部分研究者长期沿用。斯大林说道:

> 辩证唯物主义是马克思列宁主义党的世界观。它所以叫做辩证唯物主义,是因为它对自然界现象的看法、它研究自然界现象的方法、它认识这些现象的方法是辩证的,而它对自然界现象的解释、它对自然界现象的了解、它的理论是唯物主义的。④

在斯大林看来,用唯物辩证法去看世界,即"怎么看"被认定为就是马克思主义世界观。此外,斯大林还将马克思主义世界观的政治层面勾勒了出来,如新生制度必胜、向前看、要做革命者、将阶级斗争进行到底,等等。⑤ 我们看到了自马克思到斯大林,世界观是如何一步一步地被指定为无产阶级思维和行动规范的。

---

① 《马克思恩格斯文集》第 9 卷,人民出版社 2009 年版,第 24 页。
② 列宁:《列宁选集》第 2 卷,人民出版社 1960 年版,第 441 页。
③ 《列宁选集》第 2 卷,人民出版社 1960 年版,第 580—586 页。
④ 《斯大林文选》上卷,人民出版社 1962 年版,第 177 页。
⑤ 《斯大林文选》上卷,人民出版社 1962 年版,第 183—184 页。

3. 世界观和马克思主义世界观的争论

首先，系统化的世界观就是哲学？

我们先看看教科书的定义："哲学是系统化、理论化的世界观，是以总体方式把握世界以及人和世界关系的理论体系。人人都有自己的世界观，但哲学作为世界观的理论体系，不是自发的，而是要通过自觉的学习和训练才能掌握的。"①再看看舍勒的提法："大多数人[的确]都是从与生俱来的宗教传统，或者其他传统中获得他们的世界观的。谁要想从哲学角度建立世界观，他就必须敢于依靠自身的理性。他必须尝试着怀疑所有因袭之见；凡是他本人不能明察和确证的，他都不应予以承认。所以说，哲学始终都是那些有望成为杰出思想大师的精英的事。"②

我们可以这样理解，某人看世界进而引发看之后的思考然后用具有逻辑关联性的文字记录下自己思考的过程和结果，这个方式是哲学家从事的工作，类似于这样的方式世代相传就形成了哲学界的道统。受此影响而形成的哲学界规范就是，要想成为哲学家就必须高度关注哲学史，那里面不仅能学习到各种哲学术语，更重要的是思维方式和写文章的方式都要进入这个道统之中。

哲学是什么仍然是不清楚的，简单的定义方式似乎也有值得商榷之处。不否认二者的研究领域高度重合，但二者直接相等似乎仍然言之过早。尤其是，二者的起源和发展轨迹并不相同，用一个仅仅几百年历史的概念涵盖一个具有两年多年传统的学科似乎欠妥。

其次，马克思主义世界观就是或者唯物史观或者辩证唯物主义或者以上二者的总和？这样的争论伴随着马克思主义哲学史辩证唯物主义或者历史唯

---

① 李秀林：《辩证唯物主义和历史唯物主义》，中国人民大学出版社1995年版，第2页。

② ［德］马克思·舍勒：《世界观与政治领袖》，曹卫东译，北京师范大学出版社2014年版，第175页。

物主义或者二者的总和的争论绵延数十年,迄今未有定论。

之一,关于马克思主义世界观就是唯物史观,典型代表有孙正聿的说法:

马克思恩格斯创建的历史唯物主义,从"感性的人的活动"或"历史中行动的人"出发去解决"思维和存在的关系问题",形成了以"历史"为解释原则、以"生活决定意识"为核心理念、以"历史的内涵逻辑"为基本内容、以"人类解放"为价值诉求、以"改变世界"为理论指向的历史唯物主义的世界观。①

孙正聿明确地指出马克思主义世界观就是唯物史观。这一点我们用马克思的原话来反驳:"这个划时代的历史观是新的唯物主义世界观的直接的理论前提,单单由于这种历史观,也就为逻辑方法提供了一个出发点。"②这里很清楚地表明了唯物史观只是世界观的前提,二者显然不能相等。

之二,马克思主义世界观就是辩证唯物主义,典型代表是黄枬森:

辩证唯物主义是人类以往科学知识与哲学思想长期发展的优秀成果,是当今"时代精神的精华",是有阶级以来,历史上最先进的阶级——无产阶级的世界观。③

这显然也不符合马克思恩格斯的本意,马克思主义世界观难道仅仅只是思考的世界观吗,这样的提法似乎回到康德那里了。

之三,马克思主义世界观是辩证唯物主义和历史唯物主义的总和,如同《辞海》的提法。④ 这里实际上隐含了一个基础定义:马克思主义世界观就是马克思主义哲学。我们认为不能简单地认为二者相等,马克思主义世界观也有专属于自己的理论形态和逻辑体系。

笔者赞同黄枬森的观点——作为世界观前提逻辑地蕴含于历史唯物主义

① 孙正聿:《马克思主义基础理论研究》上卷,北京师范大学出版社 2011 年版,第 72 页。
② 《马克思恩格斯文集》第 2 卷,人民出版社 2009 年版,第 602 页。
③ 黄枬森:《马克思主义哲学体系的当代构建》上册,人民出版社 2011 年版,第 192 页。
④ 辞海编委会:《辞海》,上海辞书出版社 1980 年版,第 37 页。

之中,其思想体系是恩格斯后来才提出来的。① 我们来看马克思的这一段话:

> 人们的意识取决于人们的存在而不是相反,这个原理看来很简单,但是仔细考察一下也会立即发现,这个原理的最初结论就给一切唯心主义,甚至给最隐蔽的唯心主义当头一棒。关于一切历史的东西的全部传统的和习惯的观点都被这个原理否定了。政治论证的全部传统方式崩溃了;爱国的义勇精神愤慨地起来反对这种无礼的观点。因此,新的世界观不仅必然遭到资产阶级代表人物的反对,而且也必然遭到一群想靠自由、平等、博爱的符咒来翻转世界的法国社会主义者的反对。这种世界观激起了德国庸俗的民主主义空喊家极大的愤怒。②

其中的第一句话清楚地表明了马克思对物质与意识关系的看法,唯物史观是在辩证唯物主义指导之下完成的,马克思主义世界观正是用辩证唯物主义的方法对历史唯物主义进行的解读并凝练成型的一个总体性框架。

围绕世界观的争论仍然会持续下去,虽然很长时间内都无法达成共识,但在争论中人们的思维水平和回应时代精神的能力肯定都能得到提高。

世界观和马克思主义世界观具有自身特色的理论形态和特征,不能完全套用哲学或者马克思主义哲学的道统来解释,否则会掩盖作为一种专门学问的世界观研究。

世界观从康德传递到黑格尔出现的含义和用法的变化,马克思对它的理解出现过怎样的一些变化、在马克思文本中是否有所体现,恩格斯在何种意义上区分了马克思世界观和马克思主义世界观的异同,又在何种意义上将马克思主义世界观指认为欧洲无产阶级新的思维和实践规范等问题仍然有研究的空间。

---

① 黄枬森:《马克思主义哲学体系的当代构建》上册,人民出版社 2011 年版,"序言"第5页。

② 《马克思恩格斯文集》第2卷,人民出版社 2009 年版,第598页。

马克思主义世界观是社会主义国家主流意识形态的根基,所谓主流意识形态大概意思人们都能意会,诸如公有制、集体、共产主义等,但是二者的逻辑关系是怎样的、相互间融合度是怎样的等基础理论也仍然需要研究。

结　语　不足和展望

第一节　不足之处

自 1978 年到现在,我国马克思主义哲学史建设已历 40 余年,其取得的成绩是主要的方面,但想维持其不敝总还是要从学理上探讨它在这段历程中逐渐显现起来的一些不足。

首先,学术意味还有较大提升空间。我国马克思主义哲学史著述多以"教程"命名,过度彰显其现实性的一面,导致了"学术"与"资治"比例失调。史书在发挥经世作用的同时,史家们是否认真考虑过一个"度"的问题——如何保持经世与学术德性之间平衡的问题。章学诚在解释"史释"时曾说:"君子苟有志于学,则必求当代典章,以切于人伦日用;必求官司掌故,而通于经求精致;则学为实事,而文非空言,所谓有体必有用也"。这是对"古"、"今"取舍的应有态度,毫无疑义地也可引入人们在对待马克思主义哲学史编撰上也应保持"有可使能"与"不可使能"的平衡。诸家既认识到马克思主义哲学史首先是"史",缘何在实际撰写过程不能真正把它作为"史"呢?自古中国史学就有"资治"传统,但"资治"并不等于意味着史学仅仅是现实政治的注脚,而是应有自足的判断力和解释能力。

其次,以时为纲的编年史写法过于单调,难以吸引非专业读者。以经院哲学和学究式方法对待马克思主义哲学史研究,观点理论因袭色彩过重,创新不足,忽视对经济浪潮下新问题的探讨。从教化大众的视角看,马克思主义哲学史要实现自身的大众化,必须及时调整格式以迎合当下年轻人的阅读习惯。当下年轻人喜欢拿着智能手机看文章,或者在等公车的时候,或者在坐地铁的时候,如果我们的马克思主义哲学史转化为一个又一个的有趣的故事,会不会更吸引年轻人呢?

再次,与时代精神的结合度有待提高。时代精神是对马克思主义哲学最有实践意味的推动力,如果对之不重视则会损害到学科的整体推进。正如习近平总书记所指出的:

> 我国哲学社会科学应该以我们正在做的事情为中心,从我国改革发展的实践中挖掘新材料、发现新问题、提出新观点、构建新理论,加强对改革开放和社会主义现代化建设实践经验的系统总结,加强对发展社会主义市场经济、民主政治、先进文化、和谐社会、生态文明以及党的执政能力建设等领域的分析研究,加强对党中央治国理政新理念新思想新战略的研究阐释,提炼出有学理性的新理论,概括出有规律性的新实践。这是构建中国特色哲学社会科学的着力点、着重点。①

我们看到诸多马克思主义哲学史都是讲到邓小平理论为止,对于"三个代表"重要思想、科学发展观和习近平新时代中国特色社会主义思想的研究,特别是对中国式现代化、党的自我革命、第二个结合等新思想新观点的研究明显不足。

最后,著述缺少个性。学科发展40余年间马克思主义哲学史著述几无独著,成一家之言为何如此艰难?虽然相关著述日渐增多,但似乎总觉得缺少了一种类似于《史记》那样的震撼力。编撰者的队伍及其成就越具有视觉上的

---

① 《习近平谈治国理政》第二卷,外文出版社2017年版,第344页。

震撼力,编者的眼界越开阔,"通古今之变,成一家之言"的著述却越来越少,总是令人觉得缺少了点什么。史家的主体性往往就是通过其一家之言折射出来的,司马迁自称"成一家之言",他是在史学领域里第一次提出这个"家"字,这是史学家自觉性与责任心上升到一个高度之后的表现。随着时间的推移,一些马克思主义哲学史著述的编撰过程及其最终成果越发"长"得像机械复制时代的产品——"务实"就是人们的社会存在,它总是决定着学术发展的"方向"①。

第二节　展望未来

第一,政治性要求始终第一位。第一本学科著述是思想政治教育教材就已奠定了中国马克思主义哲学史的性质:为社会主义服务、为人民服务、为教化大众服务。

马克思主义哲学具有政治性的观点来源于马克思在《德法年鉴》时期的一部著作,马克思在《〈黑格尔法哲学批判〉导言》中明确地阐述了革命理论与无产阶级实践活动相结合的思想,他指出:"哲学把无产阶级当作自己的物质武器,同样,无产阶级也把哲学当作自己的精神武器",人的解放的头脑是哲学,它的心脏是"无产阶级"。② 他认为,无产阶级只有掌握了哲学这一精神武器,才能实现人类解放的历史重任;同样地,哲学只有在无产阶级的革命实践中才能成为变革现实的精神武器。人类的解放需要马克思主义哲学的指导,而人类的解放又需要无产阶级政党的领导,由此,无产阶级政党的政策、决议就必须与马克思主义哲学紧密结合在一起。两者的关系在现实生活中的体现是,无产阶级政党的政策必须在马克思主义哲学的指导下制订,马克思主义哲学原理必须在无产阶级政党的决议中得到体现。

---

① 黎学军:《中国马克思主义哲学史学史发微》,《山西师大学报(社科版)》2012 年第 3 期。
② 《马克思恩格斯选集》第 1 卷,人民出版社 1995 年版,第 15—16 页。

在苏联哲学界里,最强调的一点恐怕就是哲学家必须"问"政治了,但他们对"问"与"不问"政治的区分毫无疑义是混淆了政治性与政治化两者之间的区别。毫无疑义,马克思主义哲学的历史使命就是为无产阶级的解放事业服务的,它从诞生起就肩负着这个神圣的使命。马克思主义哲学具有政治性、阶级性是无疑义的。①

第二,永远拒绝"英雄史观","双百"方针必须成为每一个学人的理论自觉。统一性系统已经为且未来还会为社会主义建设作出贡献,但不能以此为由掩盖世界的丰富多彩。"归根结底"的帽子,不应直接戴在色彩缤纷的现实的"头"上——说经济因素是唯一决定性的因素,那么他就是把这个命题变成毫无内容的、抽象的、荒诞无稽的空话②。恩格斯从未否认现实的纷繁复杂,因为"否则把理论应用于任何历史时期,就会比解一个最简单的一次方程式更容易了"③。

第三,更具可读性,呈现在读者眼前的方式必须紧跟时代步伐,应利用一切最新视听媒介传播马克思主义哲学史。例如"动漫马克思"的构思,我们是否可以尽快将马克思的样子无数次地复制,使得人们一打开电视机就能看到他呢?利用光纤网络将马克思推向全世界,让原本就认识的更深层次认识、让原本不认识的可以尽快认识他。通过观看融入了我们主流价值观的动漫(卡通)马克思,人们完全可以在剧中幻想自己就是剧中的某某某,想象自己也能惩恶扬善又或者想象自己在空中飞翔的样子。光电技术的特点决定了这种复制的重要性,首先,正因为电影总是想去制造常规观念的世界,所以,常看电影的人也会把外部世界当成他刚刚看过的影片的延伸,这些人的过去经验变成了制片人的准则。电影人复制经验客体的技术越严谨无误,人们现在就越容易产生错觉,以为外部世界就是银幕上所呈现的世界那样,是直接的和延续的④。其

---

① 黎学军:《苏联哲学政治化研究》,中国文史出版社 2012 年版,第 160 页。

② 《马克思恩格斯选集》第 4 卷,人民出版社 1995 年版,第 695—696 页。

③ 《马克思恩格斯选集》第 4 卷,人民出版社 1995 年版,第 696 页。

④ [德]马克斯·霍克海默、西奥多·阿多尔诺:《启蒙辩证法——哲学断片》,梁敬东、曹卫东译,上海人民出版社 2006 年版,第 113 页。

次,摄影则凭借它的辅助手段——快速摄影、放大拍摄——将那些一般情况下无从获知的瞬间和微小事件展现在人们面前。通过摄影人们才了解了这种日常视觉无法看到的东西,就像通过心理分析人们才了解了无意识本能一样①。一是技术复制比手工复制更独立于原作。比如,在照相摄影中,技术复制可以突出那些肉眼不能看见但镜头可以捕捉的原作部分,而且镜头可以挑选其拍摄角度;此外,照相摄影还可以通过放大或慢摄等方法摄下那些肉眼未能看见的形象。这是其一。二是技术复制品能把原作的摹本带到原作本身无法抵达的境地②。再次,一种文化构成一个深入人心的内心的,组织他的本能、引导他的感情的规范、象征、神话和形象的复合体。这个深入是依据投影和同化的精神交流活动实现的,这个精神交流活动集中指向文化所具有的各种象征、神话和形象之上,比如体现了文化价值的神话中的或现实中的人物(祖先、英雄、神祇)。一种文化向实践的生活提供想象的支撑点,向想象的生活提供实践的支撑点。它滋养每个人在自我内部(他的灵魂中)分泌的半想象半现实的存在,和每个人在自我外部分泌的半现实半想象的存在,自我被后者所包裹(形成他的个性)③。日复一日地滚动播放,人们渐渐就会习惯了与自己的孩子一起在每晚6:30端坐在电视机旁观看并讨论卡通马克思,一代又一代人的意识形态就会潜移默化地聚焦在了主轴之上。

第四,高度重视 MEGA² 编撰工作的参与,不能在学术领域闭门锁关。黄枏森曾指出马克思原著编撰的重要性,他说道:

> 首先是在我和庄福龄、林利同志主持的国家项目《马克思主义
> 哲学史》八卷本的撰写过程中得到了中央编译局在资料、历史、理论
> 方面的许多帮助;同时我们三人任会长的中国马克思主义哲学史学

① [德]瓦尔特·本雅明:《机械复制时代的艺术作品》,王才勇译,江苏人民出版社 2006 年版,第 12 页。

② [德]瓦尔特·本雅明:《机械复制时代的艺术作品》,王才勇译,江苏人民出版社 2006 年版,第 53 页。

③ [法]埃德加·莫兰:《时代精神》,陈一壮译,北京大学出版社 2011 年版,第 5 页。

会的工作也得到了中央编译局的大力支持。①

　　未来的马克思主义哲学史著述必须建立在最权威的马克思文本之上,我们的研究者必须亲自参与到最权威版本的编撰工作当中,此外也需要培养自己的马克思笔迹辨识专家。兹事体大,这关系到我国马克思主义哲学界是否能表现出中国自信的问题。

---

　　① 黄楠森:《不断做好马克思主义的编译、研究和宣传工作》,《马克思主义与现实》2003 年第 6 期。

参 考 文 献

一、中文文献

1.《马克思恩格斯选集》(第1—4卷),人民出版社2012年版。

2.《马克思恩格斯文集》(第1—10卷),人民出版社2009年版。

3.《资本论》(第1—3卷),人民出版社2004年版。

4.《马克思恩格斯全集》第38卷,人民出版社1972年版。

5. 马克思:《历史学笔记》,人民出版社2005年版。

6.《列宁选集》第1—4卷,人民出版社2012年版。

7.《毛泽东选集》(第一至四卷),人民出版社1991年版。

8.《邓小平文选》(第一至三卷),人民出版社1993—1994年版。

9.《习近平谈治国理政》第一卷,外文出版社2018年版。

10.《习近平谈治国理政》第二卷,外文出版社2017年版。

11.《习近平谈治国理政》第三卷,外文出版社2020年版。

12.《习近平谈治国理政》第四卷,外文出版社2022年版。

13.《斯大林全集》第6卷,人民出版社1985年版。

14.《斯大林文集(1934—1952)》,人民出版社1985年版。

15.《斯大林选集》(上、下册),人民出版社1979年版。

16.《普列汉诺夫哲学著作选集》(第1—3卷),三联书店1959—1962年版。

17.《布哈林文选》(上、中、下卷),国际共运研究所编译,东方出版社1988年版。

18. 中山大学、中国人民大学编:《马克思主义哲学史稿》,人民出版社1981年版。

19. 全国马克思主义哲学史研究会:《马克思主义哲学史论集》,三联书店 1982 年版。

20. 黄楠森:《马克思主义哲学史教学资料选编》(上中下),北京大学出版社 1984 年版。

21. 黄楠森:《马克思主义哲学史》(八卷本),北京出版社 1989—1996 年版。

22. 孙伯鍨:《马克思主义哲学史》(上下),山西人民出版社 1982—1986 年版。

23. 孟宪鸿:《马克思主义哲学史简编》,湖北人民出版社 1983 年版。

24. 庄福龄:《马克思主义哲学史纲要》,中国青年出版社 1983 年版。

25. 七所大学《马克思主义哲学史》编写组:《马克思主义哲学史》,福建人民出版社 1984 年版。

26. 蒋士遑:《马克思主义哲学史教程》,甘肃人民出版社 1985 年版。

27. 叶汝贤:《马克思主义哲学发展史》,中山大学出版社 1986 年版。

28. 王卫国:《简明马克思主义哲学史》,陕西人民出版社 1986 年版。

29. 冯景源:《马克思主义哲学史入门百题》,河北人民出版社 1986 年版。

30. 余源培:《马克思主义哲学史教程》,安徽人民出版社 1987 年版。

31. 苏联莫斯科大学哲学系马克思列宁主义哲学史教研室:《马克思列宁主义哲学史教学大纲》,中国人民大学出版社 1987 年版。

32. 祝大征:《马克思主义哲学史疑难问题研究》,东北师范大学出版社 1987 年版。

33. 王复三、汪建:《马克思主义哲学史教程》,山东大学出版社 1989 年版。

34. 祝大征:《马克思主义哲学史》,陕西人民出版社 1989 年版。

35. 潘宝卿:《马克思主义哲学史通论》,北京出版社 1990 年版。

36. 图拉古尔:《马克思主义哲学史》,内蒙古人民出版社 1990 年版。

37. 鲁修文:《马克思主义哲学史》,甘肃人民出版社 1990 年版。

38. 李恒瑞:《马克思主义哲学史新编》,中共中央党校出版社 1990 年版。

39. 王建铨:《马克思主义哲学史新编》,延边人民出版社 1990 年版。

40. 庄福龄:《马克思主义哲学史辞典》,北京出版社 1992 年版。

41. 王复三:《马克思主义哲学史教程》,山东大学出版社 1999 年版。

42. 王鹤岩:《马克思主义哲学史教程》,黑龙江教育出版社 2007 年版。

43. 何萍:《马克思主义哲学史教程》,人民出版社 2009 年版。

44. 安启念:《新编马克思主义哲学发展史》,中国人民大学出版社 2010 年版。

45. 姚顺良:《马克思主义哲学史:从创立到第二国际》,北京师范大学出版社 2010 年版。

46.《马克思主义哲学史》编写组:《马克思主义哲学史》,高等教育出版社 2012年版。

47.[古希腊]亚里士多德:《政治学》,颜一、秦典华译,中国人民大学出版社 2003年版。

48.[古希腊]亚里士多德:《范畴篇·解释篇》,方书春译,商务印书馆 2005 年版。

49.[古希腊]柏拉图:《柏拉图全集》第 1 卷,王晓朝译,人民出版社 2002 年版。

50.[古希腊]赫拉克利特:《著作残篇》,载《古希腊罗马哲学》,北京大学哲学系外国哲学史教研室编,商务印书馆 1982 年版。

51.[美]弗雷德里克·詹姆逊:《马克思主义与形式——20 世纪文学辩证理论》,李自修译,百花洲文艺出版社 1995 年版。

52.[美]弗雷德里克·詹姆逊:《快感:文化与政治》,王逢振等译,中国社会科学出版社 1998 年版。

53.[美]斯蒂芬·F.科恩:《苏联经验重探——1917 年以来的政治和历史》,陈玮译,东方出版社 1987 年版。

54.[美]杰拉尔德·古特克:《哲学与意识形态视野中的教育》,陈晓端译,北京师范大学出版社 2008 年版。

55.[美]特雷西:《诠释学·宗教·希望》,冯川译,上海三联书店 1998 年版。

56.[美]查尔斯·布伦纳:《精神分析入门》,杨华渝等译,北京出版社 2000 年版。

57.[美]弗里德里希·沃特金斯:《西方政治传统——现代自由主义发展研究》,黄辉、杨健译,吉林人民出版社 2001 年版。

58.[美]罗伯特·文森特·丹尼尔斯:《革命的良心——苏联党内反对派》,高德平译,北京出版社 1985 年版。

59.[美]爱德华·W.萨义德:《知识分子论》,单德兴译,三联书店 2002 年版。

60.[美]亚伯拉罕·阿谢尔:《俄国革命中的孟什维克》,石菊英、余瑞先译,中共中央党校科研办公室 1985 年版。

61.[德]黑格尔:《历史哲学》,王造时译,上海书店出版社 1999 年版。

62.[德]费希特:《论学者的使命·人的使命》,梁志学、沈真译,商务印书馆 2005 年版。

63.[德]海德格尔:《存在与时间》,陈嘉映、王庆节译,三联书店 2006 年版。

64.[德]海德格尔:《形而上学导论》,熊伟、王庆节译,商务印书馆 2005 年版。

65.[德]马克斯·韦伯:《经济与社会》,约翰内斯·温克尔曼整理,林荣远译,商务印书馆 1997 年版。

66.［德］马克斯·韦伯:《韦伯作品集Ⅰ——学术与政治》,钱永祥、林振贤等译,广西师范大学出版社 2004 年版。

67.［德］约恩·吕森:《历史思考的新途径》,綦甲福、来炯译,上海人民出版社 2005 年版。

68.［德］卡尔·曼海姆:《意识形态和乌托邦》,艾彦译,华夏出版社 2001 年版。

69.［德］汉斯-格奥尔格·加达默尔:《真理与方法》,洪汉鼎译,上海译文出版社 2004 年版。

70.［德］弗里德里希·施莱尔马赫:《诠释学箴言》,洪汉鼎译,载《理解与解释——诠释学经典文选》,洪汉鼎主编,东方出版社 2001 年版。

71.［德］考茨基:《考茨基言论》,人民出版社 1966 年版。

72.［德］莱奥·巴莱特、埃·格哈德:《德国启蒙运动时期的文化》,王昭仁、曹其宁译,商务印书馆 1991 年版。

73.［德］E.卡西勒:《启蒙哲学》,顾伟铭、杨光仲、郑楚宣译,山东人民出版社 1988 年版。

74.［德］葛斯塔·舒维普:《古希腊罗马神话传奇》,叶青译,广西师范大学出版社 2003 年版。

75.［德］马克斯·舍勒:《人在宇宙中的地位》,李伯杰译,贵州人民出版社 1989 年版。

76.［奥］弗洛伊德:《弗洛伊德文集》第 6 卷,车文博主编,长春出版社 2004 年版。

77.［英］安德鲁·布尔:《政治和命运》,胡晓进、罗珊珍等译,江苏人民出版社 2007 年版。

78.［英］罗德里克·马丁:《权力社会学》,陈金岚、陶远华译,河北人民出版社 1992 年版。

79.［英］威廉·葛德文:《政治正义论》第 1 卷,何慕李译,商务印书馆 1997 年版。

80.［英］以塞亚·伯林:《俄国思想家》,译林出版社 2001 年版。

81.［英］洛伦·R.格雷厄姆:《俄罗斯和苏联科学简史》,叶式辉、黄一勤译,复旦大学出版社 2000 年版。

82.［英］迈克尔·佩罗曼:《资本主义的诞生——对古典政治经济学的一种诠释》,裴达鹰译,广西师范大学出版社 2001 年版。

83.［英］莫舍·卢因:《苏联经济论战中的政治潜流——从布哈林到现代改革派》,倪孝铨、张多一、王复加译,中国对外翻译出版公司 1983 年版。

84.［英］培根:《新工具》,许宝骙译,商务印书馆 1997 年版。

85.〔英〕F.A.哈耶克:《致命的自负》,冯克利、胡晋华等译,中国社会科学出版社2000年版。

86.〔英〕托马斯·莫尔:《乌托邦》,戴馏龄译,商务印书馆1982年版。

87.〔法〕卢梭:《社会契约论》,何兆武译,商务印书馆2003年版。

88.〔法〕古斯塔夫·勒庞:《革命心理学》,佟德志、刘训练译,吉林人民出版社2004年版。

89.〔法〕列维-布留尔:《原始思维》,丁由译,商务印书馆1997年版。

90.〔挪威〕特隆·欧格里姆:《马克思主义是科学还是"启示录"?》,郑明年、周永铭、赵整社、刘国来译,人民出版社1982年版。

91.〔法〕福柯:《权力的眼睛》,包亚明主编,严锋译,上海人民出版社1997年版。

92.〔荷兰〕斯宾诺莎:《神学政治论》,温锡增译,商务印书馆1982年版。

93.〔意〕贝奈戴托·克罗齐:《历史学的理论和实际》,傅任敢译,商务印书馆1997年版。

94.〔意〕维柯:《新科学》(上、下册),朱光潜译,商务印书馆1989年版。

95.〔加〕Robert Ware、Kai Nielsen:《分析马克思主义新论》,鲁克俭、王来金、杨洁等译,中国人民大学出版社2002年版。

96.〔德〕黑格尔《历史哲学》,王造时译,上海书店出版社1999年版。

97.〔意〕贝奈戴托·克罗齐:《历史学的理论和实际》,傅任敢译,商务印书馆2005年版。

98.〔英〕柯林武德:《历史的观念》,何兆武、张文杰译,商务印书馆2003年版。

99.〔德〕亨里希·李凯尔特:《李凯尔特的历史哲学》,涂纪亮译,北京大学出版社2007年版。

100.〔英〕乔治·弗兰克尔:《心灵考古——潜意识的社会史(一)》,褚振飞译,国际文化出版社2006年版。

101.〔英〕保罗·巴恩:《考古学》,覃方明译,辽宁教育出版社1998年版。

102.〔法〕安托万·基扬:《近代德国及其历史学家》,黄艳红译,北京大学出版社2010年版。

103.〔法〕米歇尔·德·塞尔托:《历史与心理分析:科学与虚构之间》,邵炜译,中国人民大学出版社2010年版。

104.〔美〕C.范·伍德沃德:《历史的未来》,王建华译,载中国美国史研究会:《现代史学的挑战:美国历史协会主席演说集(1961—1988)》,王建华等译,上海人民出版社1990年版。

105.[奥地利]马克斯·比尔:《替时代背书的人》,王铮译,黑龙江教育出版社2011年版。

106.[日]广松涉:《物象化论的构图》,南京大学出版社2002年版。

107.[英]安东尼·吉登斯:《历史唯物主义的当代批判:权力、财产与国家》,郭忠华译,上海译文出版社2010年版。

108.[英]G.A.科恩:《卡尔·马克思的历史理论——一种辩护》,段忠桥译,高等教育出版社2008年版。

109.[德]亨利希·库诺:《马克思的历史、社会和国家学说》,袁志英译,上海译文出版社2006年版。

110.[美]滕尼·弗兰克:《罗马帝国主义》,宫秀华译,上海三联书店2008年版。

111.[意]维柯:《新科学》上下卷,朱光潜译,商务印书馆1989年版。

112.[法]保罗·利科:《历史与真理》,姜志辉译,上海译文出版社2004年版。

113.[美]卢瑟·S.路德:《构建美国:美国的社会与文化》,王波、王一多译,江苏人民出版社2006年版。

114.[美]路易斯·亨利·摩尔根:《古代社会》,杨东莼等译,江苏教育出版社2005年版。

115.[古罗马]塔西佗:《编年史》(上、下),王以铸、崔妙因译,商务印书馆1981年版。

116.[古希腊]荷马《荷马史诗》,陈中梅译,中国书籍出版社2006年版。

117.[英]鲍桑葵:《关于国家的哲学理论》,汪淑钧译,商务印书馆2006年版。

118.[英]罗斯玛丽·克朗普顿:《阶级与分层》,陈光金译,复旦大学出版社2011年版。

119.[瑞士]皮亚杰:《结构主义》,倪连生、王琳译,商务印书馆2009年版。

120.[法]雅克·德里达:《马克思的幽灵——债务国家、哀悼活动和新国际》,何一译,中国人民大学出版社2008年版。

121.[英]李嘉图:《李嘉图著作和通信集》第1卷,郭大力、王亚南译,商务印书馆1983年版。

122.[法]杜阁:《关于财富的形成和分配的考察》,南开大学经济系经济学说史教研组译,商务印书馆1997年版。

123.[英]E.P.汤普森:《英国工人阶级的形成》(下),钱乘旦等译,译林出版社2001年版。

124.[加]艾伦·梅克森斯·伍德:《民主反对资本主义——重建历史唯物主义》,

吕薇洲等译,重庆出版社 2007 年版。

125. [美]乔恩·埃尔斯特:《理解马克思》,何怀远译,中国人民大学出版社 2008 年版。

126. [美]埃里克·欧林·赖特:《阶级》,刘磊、吕梁山译,高等教育出版社 2006 年版。

127. [英]雷蒙·威廉斯:《关键词:文化与社会的词汇》,刘建基译,三联书店 2005 年版。

128. [美]丹尼尔·吉尔伯特、约瑟夫·A.卡尔:《美国阶级结构》,彭华民、齐善鸿等译,社会科学文献出版社 1992 年版。

129. [美]约翰·J.麦休尼斯:《社会学》,风笑天等译,中国人民大学出版社 2009 年版。

130. [法]埃米尔·涂尔干:《社会分工论》,渠东译,三联书店 2000 年版。

131. [美]约瑟夫·熊彼特:《资本主义、社会主义与民主》,吴良健译,商务印书馆 2006 年版。

132. [瑞典]奥维·洛夫格伦、乔纳森·弗雷克曼:《美好生活——中产阶级的生活史》,赵丙祥、罗杨等译,北京大学出版社 2011 年版。

133. [美]爱德华·佩森:《美国的社会地位和阶级》,刘杰译,载[美]卢瑟·S.路德:《构建美国:美国的社会与文化》,王波、王一多译,江苏人民出版社 2006 年版。

134. [美]里亚·格林菲尔德:《民族主义:走向现代的五条道路》,王春华等译,上海三联书店 2010 年版。

135. [英]埃里克·霍布斯鲍姆:《民族与民族主义》,李金梅译,上海人民出版社 2006 年版。

136. [法]孔多塞:《人类精神进步史表纲要》,何兆武、何冰译,江苏教育出版社 2006 年版。

137. [英]埃里克·霍布斯鲍姆:《民族与民族主义》,李金梅译,上海人民出版社 2006 年版。

138. [西]胡安·诺格:《民族主义与领土》,徐鹤林、朱伦译,中央民族大学出版社 2009 年版。

139. [英]安东尼·史密斯:《民族主义:理论,意识形态,历史》,叶江译,上海人民出版社 2006 年版。

140. [美]杜赞奇:《从民族国家拯救历史:民族主义话语与中国现代史研究》,王宪明译,社会科学文献出版社 2003 年版。

141.［英］弗·哈利迪：《革命与世界政治》，张帆译，世界知识出版社 2006 年版。

142.［德］乌尔里希·贝克、埃德加·格兰德：《世界主义的欧洲：第二次现代性的社会与政治》，章国锋译，华东师范大学出版社 2008 年版。

143.［美］科斯塔斯·杜兹纳：《人权与帝国》，辛亨复译，江苏人民出版社 2010 年版。

144.［加拿大］威尔·金里卡：《少数的权利：民族主义、多元文化主义和公民》，邓红风译，上海人民出版社 2005 年版。

145.［美］唐纳德·R.凯利：《多面的历史》，陈恒、宋立宏译，三联书店 2003 年版。

146.［古罗马］凯撒：《高卢战记》，任炳湘译，商务印书馆 1982 年版。

147.［美］J.W.汤普森：《历史著作史》上册第二分册，谢德风译，商务印书馆 1996 年版。

148.［美］格奥尔格·伊格尔斯：《二十世纪的历史学——从科学的客观性到后现代的挑战》，何兆武译，山东大学出版社 2006 年版。

149.［英］理查德·艾文斯：《捍卫历史》，张仲民等译，广西师范大学出版社 2009 年版。

150.［美］威廉·亨德里克·房龙：《美国史纲》，尹继武译，陕西师范大学出版社 2006 年版。

151.［美］詹姆斯·洛温：《老师的谎言：美国历史教科书中的错误》，马万利译，中央编译出版社 2009 年版。

152.［古希腊］希罗多德：《历史》上册，王以铸译，商务印书馆 2001 年版。

153.［捷克］卡莱尔·科西克：《具体的辩证法——关于人与世界问题的研究》，傅小平译，社会科学文献出版社 1989 年版。

154.［匈］卢卡奇：《历史与阶级意识》，杜章智、任立、燕宏远译，商务印书馆 2004 年版。

155.［意］安东尼奥·葛兰西：《狱中札记》，曹雷雨、姜丽、张铣译，中国社会科学出版社 2000 年版。

156.［法］保罗·萨特：《辩证理性批判》（上、下），林骧华、徐和瑾、陈伟丰译，安徽文艺出版社 1998 年版。

157.［法］萨特：《萨特哲学论文集》，潘培庆、汤永宽、魏金声等译，安徽文艺出版社 1998 年版。

158.［法］阿尔都塞：《保卫马克思》，顾良译，商务印书馆 2006 年版。

159.［德］罗莎·卢森堡：《论俄国革命——书信集》，殷叙彝等译，贵州人民出版社 2001 年版。

160. [美]悉尼·胡克：《对卡尔·马克思的理解》，徐崇温译，重庆出版社 1989年版。

161. 张一兵：《马克思哲学的历史原像》，人民出版社 2009 年版。

162. 张一兵：《回到马克思——经济学语境中的哲学话语》，江苏人民出版社 2005年版。

163. 吴亮：《日常中国》，江苏美术出版社 1999 年版。

164. 蓝黛：《老笔记——名人眼里的历史事件》，民族出版社 2001 年版。

165. 张文喜：《历史唯物主义的政治哲学向度》，江苏人民出版社 2008 年版。

166. 张盾：《马克思的六个经典问题》，中国社会科学出版社 2009。

167. 周晓虹：《全球中产阶级报告》，社会科学文献出版社 2005 年版。

168. 李强：《转型时期中国社会分层》，辽宁教育出版社 2004 年版。

169. 陈恒、耿相新：《新史学第一辑·古典传统与价值创造》，大象出版社 2003年版。

170. 金毓黻：《中国史学史》，河北教育出版社 2003 年版。

171. 萧公权：《中国政治思想史》上下册，商务印书馆 2011 年版。

172. 吕思勉：《史学四种》，上海人民出版社 1981 年版。

173. 钱穆：《中国历史研究法》，三联书店 2001 年版。

174. 钱穆：《国史新论》，三联书店 2001 年版。

175. 刘小萌：《历史考古卷》，山西人民出版社 2001 年版。

二、外文文献

1. Julien Bendn, The Treason of the The Intellectuals, trans. by Richard. Aldington, New York, The Norton Library, 1969.

2. Leopold von Ranke, The theory and practice of history, Ed. by Georg. G. Iggers and Konrad von Moltke, New trans. by Wilma A. Iggers and Konrad von Moltke, New York, The Bobbs-Merrill company, Inc. 1973.

3. Leopold von Ranke, The secret of world history, selected writings on the art and science of history, Ed. & trans. by Roger Wines, Fordham University Press., New York, 1981.

4. Heinrich Rickert, Science and History, trans. From the German by George Reisman,

Ed.by Arthur Goddard,D.Van Nostrand Company,Ing.,New York,1962.

5. Frederick Charles Copleston,Russian philosophy, New York,The Tower Building,2003.

6. Research Division, Minister's Secretariat, Ministry of Education, Government of Japan,Education in Japan,Tokyo,Government Printing Bureau,1971.

7. Isaac Deutscher, The Prophet Unarmed Trotsky: 1921 - 1929, London, Oxford University Press,1959.

8. Isaac Deutscher, The Prophet Unarmed Trotsky: 1929 - 1940, London, Oxford University Press,1963.

9. Leszek Kolakowski,Main currents of Marxism:The Breakdown,trans.from the Polish by P.S.Falla,Oxford,Clarendon Press, 1978.

10. Jorge Larrain,Marxism and Ideology,London,The Macmillan Press,1983.

11. Eriki Fueloep-Miller,The Mind and Face of Bolshevism,trans.by F.S.Flint and D.F. Tait,New York,Harper&Row Publishers.,1965.

12. James P.Scanlan, Marxism in the USSR:a critical survey of current Soviet though, London,Cornell University Press,1986.

13. Ed.by Warren B Walsh,Readings in Russian History,Volume I,New York,Syracuse University Press,1963.

14. Ed.by Stephen White&Daniel Nelson,Communist Politics A Reader,New York,New York University Press,1986.

15. Gustav A.Wetter,trans.by Peter Heath,Soviet Ideology Today,New York,Frederick A.Praeger,1962.

16. Ed.by R.W.Davies,Soviet Historians in Crisis 1928-1932, London,The Macmillan Press Ltd.,1981.

17. J.Derrida,Writing and Difference,trans.by Alan Bass,The University of Chicago 1978.

18. Ralf Dahrendon.Class and Class conflict in Industrial Society.Stanford University Press.Stanford, California.1959.

19. Ed.by Rex.A.Wade,Revolutionary Russia-New Approaches,New York,Routledge,2004.